市川房枝、そこから続く「長い列」

参政権からジェンダー平等まで

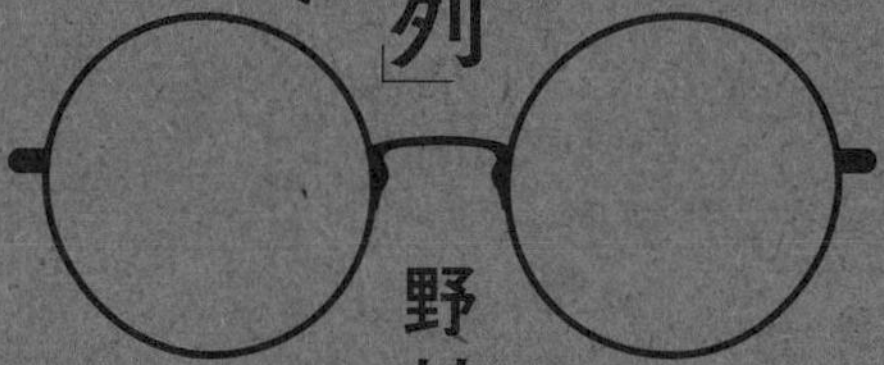

野村浩子

AKISHOBO

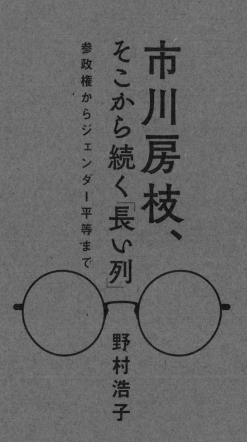

市川房枝、そこから続く「長い列」

目次

★文中、市川のコメントは特に断りのない限り、
『市川房枝自伝　戦前編』（新宿書房）による。初出以降は『自伝』とする。
★文中「政治談話」は、国立国会図書館「政治談話録音　速記録」を指す。
昭和初期から戦後にかけての政治分野のリーダー一〇人に対して同館が行った
聞き取り調査で、市川はそのうちの一人として一九七八年にインタビューを受けた。
★過去の新聞記事など、旧仮名遣いは、現代仮名遣いに改めて記載した。
漢字表現は、適宜仮名とするか、ルビをふった。
★省庁名の記載は当時のものとした。
★現在差別的とされる単語の中で、当時一般的に使われていたものは
一部そのままの表記とした。

はじめに

一九七九年七月、女性誌『クロワッサン』の表紙を、市川房枝の大きな写真が飾った。読者の好きな「女の顔」一位に選ばれたのだ。二位は山口百恵。国民的スター歌手、山口百恵の倍以上の得票を得て、堂々の一位である。

白髪に深く深く刻まれた皺、黒縁メガネに地味なグレーのスーツ。胸元には濃いえんじの議員バッジ。当時市川は、参議院議員で八六歳を迎えていた。雑誌特集の扉には、市川房枝と、妖艶な山口百恵の顔写真が並ぶ。

投票した読者はこう語る。

「明治・大正・昭和3代を生き、正々堂々と論陣を張り、いばりもせず、あくまで地味なマイペースの人生。あのしわくちゃの顔と、白髪には日本の母の原型がある」（長野県、二九歳、主婦）

「80歳の今になっても、なお現役で政治活動をなさってる。ハツラツとしてらっしゃる姿は見習わなくてはといつも思う」（大阪、二七歳、主婦）

「美しい老年、美しい羞じらい」（大阪、四〇歳、主婦）

選ばれた市川は、少し照れくさかったのか、こう語る。

「化粧は一度もしたことがないですねえ。……風呂上り、肌がパサパサするので、クリームをつけるくらいが化粧といえば化粧ですか」

当時の『クロワッサン』は、フェミニズムの波をうけて女性の自立や解放を提唱しており、読者は「翔《と》んでる女」といわれることもあった。結婚して子どもを産んで家庭に収まるという、従来ながらの女の幸せ像にどこか違和感を覚える女性が手にする雑誌で、そのころの特集には、法律婚をしない同居を考える「婚前結婚のすすめ」、「離婚志願」といったタイトルが並ぶ。そんな読者にとって、生涯独身をとおして、信念を貫いて運動しつづける市川房枝の生き方は憧れであったのだろう。

八〇歳を超えて、なお現役であった政治家・市川房枝とは、どんな人だったのか。

今を生きる人には想像もできないかもしれないが、明治半ばから戦前にかけて女性に選挙権はなかった。当然ながら女性の政治家はひとりもいなかった。それどころか、女性の政治参加は法律で「禁止」されていた。

戦前、市川はそんな状況に異を唱えて女性参政権の実現に向けて闘った。一八九三年（明治二六）、愛知県の農家に生まれ、いまからおよそ一〇〇年前に米国に単身渡って働きながら学び、女性が政治的権利を獲得する必要性を肌で感じとった。終戦後に米占領下で参政権が認められてのちは参議院議員となり、二五年に渡り議員を務めた。一九八〇年、八七歳のとき全国区で二七八万票を得てトップ当選し、翌年死去。

市川の晩年の「顔」に魅かれたのは、女性だけではない。

なによりその生きざまにほれ込んだ若いデザイナーがいた。三宅一生《いっせい》（二〇二二年没）である。日本の和装でみがかれた文化をもとに、動きやすく自然なからだの美しさを生かす洋服づくりで脚光を浴びるようになった三宅は「もっとも着てほしい人はだれだろうと考えたとき、それは市川先生でした」といい、自らデザインした服を贈った。市川が、珍しく大きく顔をほころばせて三宅の服をまとった姿が、『アサヒグラフ』（一九七四年一〇月一一日）の表紙に収まっている。ベージュと茶、黒を織り込んだロング丈のニットジャケッ

1974年三宅一生の服をまとい『アサヒグラフ』の表紙を飾った。撮影は篠山紀信

トに黒いシャツ。スタイリッシュながらどこか素朴、実直でざっくばらんな市川によく似合う。グラビアには、ふんわり膨らんだスカートをおどけて両手で広げる写真もある。

新しい生き方を模索する女性たち、当時三〇代の気鋭のデザイナーから、全国区で集めた二七八万票まで、広く国民から支持を得た。歴史に巨歩を刻みながらも、いま若い人の間では「教科書の中の人」となりつつある。しかし現在、あちこちで女性活躍推進の旗が掲げられるなか、その動きの先頭を辿っていくと、市川の姿がある。

「女性差別撤廃条約」という外圧

不勉強であった筆者が市川房枝に興味を抱くようになったのは、没後一五年ほど経ってからのこと。働く女性のための月刊誌『日経WOMAN』の編集を手がけるようになり、一九八五年に成立した男女雇用機会均等法（以下、均等法）の成立経緯にあたるなかで、市川房枝の果たした大きな役割を知ることになる。市川は国連の「女性差別撤廃条約」[★1]を批准するよう、ためらう政府に働きかけた。同条約に批准すると、日本は職場の男女差を解消するための法律の制定が迫られる。日本は一九八〇年に条約に署名。市川の没後の一九八五年、男女雇用機会均等法が成立したことを受けて条約批准に至った。女性が働き続けるための制度基盤をつくる上で、市川が歴史を動かしたキーパーソンであったことは間違いない。

市川は変化を嫌う日本社会に、国際社会からの「外圧」で「変わらざるをえない」状況をつくろうとした。社会変化を起こすために、「外圧」をうまく使ったともいえる。

これは、二〇二〇年代を迎えたいまなお有効な手立てである。日本は黒船を迎えてからいまに至るまで、「外圧」なしでは、なかなか変わろうとしない。近年、世界経済フォーラムがほぼ毎年発表する「ジェンダーギャップ指数」により、日本はいかに世界のなかでジェンダー平等後進国であるかを思い知らされ、一四六カ国中一一六位といった低迷ぶり(二〇二二年時点)に慌《あわ》てることからも、国際社会からのプレッシャーなしでは「ジェンダー平等」もなかなか進まない現状がみてとれる。

「ジェンダー」とは、生物的性差ではなく、「社会的・文化的に育まれてきた性差」を指し、LGBTQなど性自認の違いも包括する。国連が目指すべき方向としてSDGsのなかに「ジェンダー平等」を掲げたことで、日本でも言葉が知られるようになった。

市川は戦前は「女性参政権」、戦後は「女性運動」を進めるリーダーであった。市川が運動を進めた時代には、男性と同じ権利を女性も獲得するという「男女平等」を求める意味合いが強かった。今日では男女の二元論を超えてもう少し広義な動きとなり、女性も男性も、性自認の違いを問わず、すべての人の人権が尊重され自分の人生を選択できる「ジェンダー平等」な社会をめざす流れができつつある。男女平等もジェンダー平等も、根底には属性により差別されず、その人らしく生きる権利があるという「人権」意識がある。

本書で注目したいのは、めざすべき社会に向けて、市川がとった戦略戦術だ。旧弊な男性中心型組織のなかで生きづらさを感じる人、ジェンダー平等社会を実現しようとする人たちにとって、現状を変えていくためのヒントとなるだろう。その一例が、先述した条約批准という「外圧」をうまく使い、社会の仕組みを変えていこうという試みだ。

市川房枝が遺した足跡の今日的意義を探るのが、本書の主題のひとつである。特に、働く女性の視点をもって、その制度基盤づくりに果たした市川の功績、いまわれわれが学べること、現代に続く課題を探っていく。

抹茶茶碗と、コーヒーミル

市川は先駆的な国際人でもあった。その国際感覚とはいかなるものか。それを知る手がかりが、婦選会館にある市川房枝記念展示室に残されている。

ゴールデンウイーク半ばの爽やかな晴れ間の広がるある日、婦選会館を訪ねた。東京・新宿の南口を出てすぐに看板が目に入る。その先の並木道を辿ると数分で六〇年ほど前に建てられた婦選会館が姿を現す。二階の展示室にあがると、市川房枝の等身大パネルが迎えてくれる。いつもの地味なグレーのスーツ姿、白髪に笑みを浮かべている。

展示室に足を踏み入れると、すぐ左手に生前六〇年近く愛用していた、西洋アンティークのあめ色の鏡付きキャビネットが置かれている。隣の茶簞笥には、渋い桜色と少し黄味がかった象牙色が交じり合う抹茶茶碗と、小さなコーヒーミル。お茶どころである愛知に生まれた市川は、客人にはたびたびお茶を点ててふるまったという。自身はコーヒー好きでもあった。明治生まれの人で、ミルで豆を挽いてコーヒーを淹れるとは珍しい。

抹茶茶碗とコーヒーミル。茶簞笥と西洋アンティーク家具——。市川は、日本の文化に立脚しながらも、西洋の文化をいち早くとりこんで自分のものとしたのではないか。

二〇代で単身米国に渡り、議員となっての後半生では欧米視察を重ねた。いかに国際的な視点を獲得したのか、国際感覚の必要性が叫ばれるいま、その道のりもまた多くを教えてくれる。

キャリア形成の手本となる

市川の生涯は、女性のキャリア形成という点からも示唆に富む。これが、本書を著すもうひとつの意図である。戦前は、女性参政権運動で名をはせたが、戦中の戦争協力により、戦後公職追放。五九歳で参議院議員となり、八七歳で参議院議員全国区トップ当選……。若いころは試行錯誤をくり返し、戦争で挫折、戦後に議員として復活を果たす、と起伏に富んだ人生を歩んできた。

年代問わず多くの女性に、これからの生き方、働き方を考える上での手がかりをつかんでもらえたらと思う。リーダーを目指す人、あるいはリーダーとなることにためらいを感じる人にも、市川房枝の軌跡はひとつの道標となるだろう。さらに、企業・自治体でダイバーシティ推進を手がける人、政財界、行政の幹部にも、女性育成をする上で参考としてもらいたい。

なお市川は生涯に渡り、「婦人」★2という言葉を使ったが、発言や固有名詞を除いては、適宜本文中は「女性」に置き換えて、若い世代の読者にとって違和感がないよう努める。

★1 「女性差別撤廃条約」は、政府訳では「女子差別撤廃条約」だが、「女子」は年少者を想起させることもあり、ここでは「女性差別撤廃条約」と表記する。

★2 総理府婦人問題担当室が、「婦人」という表現を「女性」に置き換えたのは、一九九一年。「国連婦人の一〇年」を「国連女性の一〇年」などと呼ぶようになった。労働省の「婦人少年局」は、「婦人局」を経て「女性局」となり(一九九七年)、厚生省と合体ののち「雇用均等・児童家庭局」と看板がかけ替えられた。

序章

国際連合と日本女性をつなぐ

緒方貞子を国連に送り出す

一九六八年夏、緒方貞子のもとに一本の電話がかかってきた。市川房枝からだった。「すぐにでも会いたい」という。いま家族とともに軽井沢の別宅におり、東京にすぐには戻れないと答えると、市川は単身、軽井沢の家まで訪ねてきた。

「今年の国連総会に行くことはできないか」

こう切り出され、緒方は面食らった。当時、子育てと家事に時間の大半を割きながら、国際基督教大学と聖心女子大学で非常勤講師をしていた。主婦の長期出張など、家族はむろん想定していない。市川の申し出は緒方家に波紋を呼んだ。緒方は大学で国際関係論と日本外交史を教えており、国連も専門分野のひとつである。「国連をめぐる国際政治に触れられるなら、どれほど勉強になるだろう」と思うものの、幼い子ども二人をおいて長期出張はむずかしい。家族会議を開いたところ、夫も両親も「せっかくのチャンスだから行ってきたらどうか」と後押ししてくれた。

こうして緒方貞子は、第二三回国連総会に参加することとなった。ここから国連との長い付きあいが始まる。一九九一年には国連難民高等弁務官となり、一〇年の任期のなかで世界に大きな足跡を刻んだことは、すでに知られている。緒方が国際舞台に踏み出すきっかけを作ったのが、市川だったのだ。

後述するが、国連総会の政府代表団に女性が必ずひとり加わることになったのは、市川らの尽力があった。市川は後輩を選出して国連に送り出すにあたり、ときに外務省まで自ら出向き、飛行機や日当の交渉にあたったという。緒方を初めて国連に送り出したときには、留守宅に電話をして子どもに菓子の差し入れまでしている。

後輩たちがひとり羽ばたけるようになるまで、細やかな心配りをしながら見守った。緒方は国連から戻るや、こう聞かれたという。

「何か困ったことはなかったか」

さらに国連での成果を仲間で共有しようと、市川は報告会も主催した。

国際連合と日本女性をつなぐ、市川がそのきっかけをつくった功績者であることは間違いない。国連総会に送り出された緒方貞子は、その後、国際舞台をめざす女性たちにとってアイコン的存在となった。

日本で「均等法の母」と呼ばれる赤松良子もまた、国際連合と日本をつないだキーパーソンである。赤松良子と市川房枝との間には、女性条約をめぐって絶妙の連携プレーがあった。これにより、均等法が成立し、女性差別撤廃条約の批准が実現したのだ。では、赤松と市川の出会いからみていこう。

「均等法の母」赤松良子のお茶だし

赤松は労働省婦人少年局の新人時代、市川房枝に「お茶だし」をしたことを鮮明に覚えている。赤松はこのとき、かの有名な市川が局長室に来ていると聞き、「生で見たい」とお盆を抱えておそるおそる局長室をノックした。

「愛想のない人だなあ」

これが第一印象だった。

赤松は一九二九年生まれ、市川の三六歳下にあたる。幼いころ姉から「婦人参政権の獲得のために尽力された、市川房枝さんという立派な方がいる」と聞かされていた。社会人となり対面あいなったとき、市川は「男性にとっては、泣く子も黙る存在。女性にとっては、輝かしいパイオニア」、あおぎ見るような存在であった。

当時、婦人少年局長は藤田たき（のち津田塾大学学長）、戦前から市川と女性参政権運動をともにした盟友である。藤田から相談ごとがあると電話を受けるや、市川は局長室に駆けつけて陰ながら支えた。行政改革により婦人少年局の縮小や廃止が一度ならず俎上にのったが、そのたびに存続に向けて市川は奔走した。縮小どころか拡大すべきであると、首相に直談判までした。婦人少年局の職員たちは、こっそり「市川のお助け」と呼んで、頼りにしていた。なんでも千葉県の市川に指圧の名人がいて「お助け」と呼ばれていたことから、職員の誰かが感謝の意をこめて「市川のお助け」と名づけたとか。

市川房枝と赤松良子は、その後浅からぬ縁を結び、働く女性の歴史に新たな扉を開くことになる。大きな契機となったのは、国連の「女性差別撤廃条約」の批准である。

一九七九年に成立した女性差別撤廃条約は、「世界の女性憲法」ともいわれている。政治、経済、社会、文化、市民活動などあらゆる分野で男女平等を基礎として、男女の差別をなくし、基本的人権を保障することをめざす。市川は最晩年、日本もこれを批准すべきだとして国内団体をまとめて世論を盛り上げ、政府に再三働きかけた。市川は女性運動の総仕上げとばかりに、条約の批准に向けて情熱を傾けた。

「婦人の権利が法律に書き込まれることは非常にすばらしい。それが国際条約の中に書き込まれるということはもっとすばらしい。なぜなら、（その条約を批准すれば）時の政府によって勝手に変更することができないから」

市川はこう語って条約の批准を後押ししたと、山下泰子（元国際女性の地位協会会長）は、講演で語っている。

条約批准という「外圧」があったからこそ、均等法は誕生した。同時に均等法が成立しなければ、条約は批准できなかった。市川と重なり合った歩みについて聞きたいと、赤松良子に申し入れたところ、東京・六本木にある国際文化会館のロビーを指定された。

国際文化会館は、都心とは思えない二〇〇〇坪もの庭園に囲まれた会館である。戦後一九五五年、ロックフェラー三世と松本重治が文化交流を通じて相互理解を深めようと、知的・文化的交流のセンターとして開設した。市川は晩年ここで毎年正月を過ごし、甥の家族を招いて食事をともにしたという。

いまも会館は一面の緑に覆われている。洒落た茶色いフェルト帽をかぶり静かな足取りでロビーに現れた赤松は、庭園に面した窓際のソファーで、市川とのかかわりを語り始めた。

公式電報のあとの一本の電話

第二次世界大戦後に誕生した国連は、一九七四年、あらゆる女性問題を包括的に規定する条約をつくろうと女性差別撤廃条約の起草に着手する。一九七九年、国連公使としてニューヨークに赴任し国連総会で条約の審議にかかわったのが、赤松良子である。

赤松の大きな役割のひとつは、各国が条約批准に対してどのような態度をとっているかを探って、日本に報告することだった。随時、外務省に公式電報を打って報告をする。そのあと、少し間をおいて電話で報告をする相手がいた。市川房枝である。

「先生、アメリカはもめてるみたいですよ」

「ほう。そうか」

公式電報のあとの一本の電話――、ここに至るには、市川と赤松の響き合う関係があった。

市川と赤松が仕事で接するようになったのは、赤松が労働省婦人課長になってからだ。婦人参政権二五周年を迎え、功労者二五人に総理大臣から感謝状を差し上げることになった。平塚らいてう、市川房枝など候補者リストを持参し、市川のもとを訪ねて相談したこともあった。女性の労働施策などについて、ときには意見の相違があり「どうなっているのか」と呼び出しを受けることもあったが、議員会館でも婦選会館でもどこでも足を運ぶようにしていた。

このころ国連は女性差別撤廃条約の草案策定に入っていた。市川はいち早くこの情報をキャッチして、「どんな内容か」と赤松に問い合わせを入れている。赤松は市川のアンテナの鋭さに感心したという。そのころはまだ、労働省でも条約の検討状況を詳らかに把握していなかった。赤松は手を尽くして条約の草案を調査して、市川のもとに報告に赴いた。「役人をうまく使っていち早く情報を得る。仕事がしっかりしていた」と振り返る。

市川はまわりにさまざまなアドバイザー、情報をもたらす人脈を抱えていた。そこから入る情報に対して、「これぞと思うものに対する閃《ひらめ》きのある人だった」と赤松はいう。それが政治家として成功したひとつの要因だっただろうとみている。

国際的な女性組織を束ねる

日本が国連加盟をはたしたのは一九五六年、翌年「女性の地位委員会」の正式メンバーに立候補して初当選した。市川は、この動きをすぐさま捉えた。同年に「国連NGO国内婦人委員会」（以下、国内委員会）という組織を立ちあげる。国連には、社会福祉関係、女性団体、労働組合関連団体など、国際的組織の非政府団体（略称NGO）がリストアップされており、このリストにのっている日本の女性団体の代表者を集めて新しい組織を作ったのだ。市川自身が率いる日本婦人有権者同盟、また日本婦人法律家協会、日本YWCAなど七つの団体が参加した。

このあたりの事情は、労働省婦人少年局長から女性初の大使としてデンマークに赴任した高橋展子《のぶこ》が『市川房枝というひと』に寄せた回想録に詳しい。高橋によると、市川が「国内委員会」を立ちあげた目的は、国民の眼を国際情勢に向けることにあったようだという。国連の動きをフォローしながら、国連に対する日本の取り組みを注視し、民間から政府に取り組みを促し、さらには国際的な人材を育成しようとしたのだ。

一九五〇年代後半は「もはや戦後ではない」といわれた時代。高度成長に向け坂道を駆け上る一方で国内に課題は山積しており、人々の関心は国際情勢にまでなかなか及ばなかった。そうした社会情勢のなかでの市川の動きをみて「国際感覚の鋭さ、新鮮さに感服した」と高橋はいう。

「国内委員会」は、発足早々行動を起こす。「はじめに」でも触れたように国連総会に初めて日本から代表団が送られるにあたり、代表団に女性を加えることを政府に働きかけた。「国内委員会」が適任者として藤田たきを推薦して派遣が決まった。以来、代表団に必ず女性を入れることが慣行となった。

緒方貞子によると、選考にあたり市川はこう語っていたという。

「民間の意向を代表して、とくに婦人問題に関心のある人に出てもらいたい。ただし、政府代表であるから政府の方針と極端に対立する立場の人を推薦するわけにはいかないし、役所の人たちともある程度協力できる人柄であることが望ましい」（『毎日新聞』夕刊、一九八〇年九月一六日）

市川らしい、きわめて現実的な考え方である。しかし、すべての条件を満たす適任者はそうそういない。市川が人選に四苦八苦するさまを、緒方はたびたび目にしたという。

国連が、一九七五年からの一〇年を「国際婦人の一〇年」とすることを発表すると、このときもまた市川はいち早く動いた。このとき八二歳を迎えていたが、エネルギッシュな活動ぶりにはまわりも驚いている。国連の動きを日本に伝えると同時に、国内の女性団体を束ねて女性の地位向上に向けてのムーブメントをおこそうとしたのだ。全国組織の女性団体、労働組合女性部に働きかけて四一団体を束ね「国際婦人年日本大会」を開く。続いて一九八〇年に開かれる「国連婦人の一〇年世界会議」に向けて「国連婦人の一〇年中間年日本大会実行委員会」を結成して、自ら実行委員長に就いた。

天皇皇后両陛下の前でのスピーチ

国際婦人年の節目で市川が行ったスピーチには、いまも語り継がれる言葉がある。

一九七五年一一月五日、天皇皇后両陛下臨席のもと、国際婦人年を記念しての行事が開かれた。

「国際婦人年記念日本婦人問題会議」と題する大会で、労働省、総理府、国連協会主催。会場となった芝のプリンスホテル大広間を全国から招かれた約一〇〇〇人が埋め尽くした。ここで市川は、天皇皇后両陛下のかたわらの檀上で、約二分の「祝辞」を述べている。書き起こすと少し長くなるが、以下全文を紹介したい。

婦人の地位の向上を望む婦人達の運動に対し、かつては、政府、警察からはなはだしく非難弾圧されたものでした。

しかるに本日は政府自身の主催で、天皇、皇后両陛下の御臨席の下に、男女の平等、開発、平和への婦人の参加を目標とする、国際婦人年の国内式典が行われるにいたりましたことは、まことに感慨の深いものがあります。

参議院においても去る6月、私共、全婦人議員の発議により「国際婦人年にあたり、婦人の社会的地位の向上をはかる決議」が満場一致で可決されましたが、これまた今迄になかったことでございます。

しかし、式典や決議だけでは婦人の地位の向上は実現しません。そのための政府の行政、施策が必要であり、国会での立法が伴わなければなりません。政府が先般「婦人問題企画推進本部」を設置されたことはその第一歩として評価しますが、三木本部長をはじめ全部員が男子のみであり、その将来に希望が持てません。

もちろん婦人の地位の向上、男女平等は、私共婦人自身の問題であります。単に妻であり、母であるだけでなく、その前に一人の女性としての自覚を持ち、責任を果たすべきであります。

男子と平等の参政権が与えられて三〇周年、男女平等を規定した憲法が公布されて二九周年になるのに、男女の平等には、程遠い日本の現実を遺憾に存じます。

男女平等の問題は今や、国際問題となりました。今日の式典を機会に、私共も政府と協力、その実現に一層の努力をすることを誓い、祝辞といたします。

昭和五〇年一一月五日

参議院議員　市川房枝

冒頭の二文は、まさに市川房枝にしか口にできないことだろう。一〇〇〇人の会場は静まり返った。ところが、その後、思いもよらないことが起こる。政府が設置した「婦人問題企画推進本部」は男性ばかりで希望が持てない、という段で会場から大きな拍手が沸き起こったのである。これには市川自身が驚いた。両陛下ご退場のあと、壇の下に降りたら、再び出席者から「よかった、よかった」と声をかけられた。「私としてはいうべきことを、それも控え目にいったまでだが、形式的な月並みのあいさつや祝辞とはかわり真実をいったせいであろうか」と市川は語る（『婦人展望』一九七五年一二月）。婦人問題企画推進本部とは、総理大臣以下大臣が務めるもので、当時の三木武夫首相以下、大臣は全員男性だったため、「男性ばかり」というチクリとした一言になったわけだ。

慣例としては、両陛下が臨席する会合は、総理や大臣に続いて衆参両院の議長が祝辞を述べる。しかし外国人女性二人から祝辞をもらうことになっており、日本人女性も壇上にのせたいと、市川に白羽の矢が立ったのである。引き受けるにあたっては「月並みなことをいうのはいやだから、私の考えをのべます」と伝えたという。両陛下を迎えても、総理大臣の前でも、「有言実行」の市川であった。

付言すると、市川が「男性ばかり」と述べた「婦人問題企画推進本部」は、一九九四年に「男女共同参画推進本部」と看板をかえた。本部長は内閣総理大臣、副本部長は内閣官房長官、男女共同参画担当大臣、国務大臣を本部員とするため、女性閣僚が増えない限り女性比率はあがらない。本部員は、女性ゼロから二人程度に増えたのみ、それが市川没後から今日に至るまでの変化である。

「保護と平等」を巡って

国連では、女性差別撤廃条約の審議が進むなか「保護と平等」を巡り激論が交わされていた。男女の平等に関する考え方が、各国で異なっていたのだ。

女性の権利を否定する根拠となっていたのは国を問わず、「女性は感情的で論理性に欠けるから政治参加にふさわしくない」といった「特性論」と、「女性の役割は家庭を守ることである」といった「役割論」だと、法女性学で知られる金城清子（津田塾大学元教授）はいう。以下、『女性の権利の歴史』の金城の解説に沿って、国連での議論を概観する。

男女の「特性」や「役割」を前提とした男女平等論は「機能平等論」と呼ばれている。

機能平等論は長らく男女平等の考え方の主流であり、国連も初期はそうした考え方に立脚していた。ところがこれに対して、特性や役割を前提とする機能平等論は現実には女性の社会参加を阻むものであり、女性のみならず男性にとっても自由な選択を阻むものだとする考え方が生まれる。一九五〇年代に入り見直しの議論が始まり、女性に対する保護は、妊娠・出産前後の期間ならびに授乳期間に限るべきであるという論が台頭する。過重な保護は使用者が女性の雇用を避ける傾向を生み、女性は労働市場で不利益を被り、結果的には女性差別につながるとする。

一九七〇年代は、「機能平等論」からの転換期であった。新たな潮流が生まれるなかで、「女性差別撤廃条約」の審議が始まったのである。

古くからの「機能平等論」を支持したのは、社会主義体制をとっていた当時のソ連（以下、ソ連は当時）や東ドイツの代表らで「女性に対する保護を拡充すべきだ」という。これに対して、北欧諸国や西ドイツ、また国際労働機関（ＩＬＯ）は、「女性の特性論、役割論こそが、女性の権利確立の最大の障壁である。女性にとって有害な労働条件は、男性にとっても有害である」といった、機能平等論を超える主張を展開した。

議論は平行線をたどったまま、一九七九年一二月一八日、いよいよ女性差別撤廃条約の採択決議の日を迎える。ニューヨークにある国連総会の会議場は緊張感に包まれた。ふたをあけると、日本を含めて賛成一三〇、反対〇、棄権一〇。ソ連や東ドイツも採択にあたっては、強硬に反対票を投じることはなかった。会場にいた国連公使の赤松良子は、文字通り仲間と抱き合って喜んだ。しかし、興奮の渦中にあって「はたして日本はこの条約を批准できるのだろうか」と不安を抱いていたのも事実である。

一報を聞いた市川は、今度もまた素早く動いた。代表団に入っていた中村道子（当時・成城大学教授）に条約文を翻訳して送ってくれと頼んだのだ。市川が代表団に推薦した中村道子は、幼少期を米国で過ごしており英語に堪能であった。市川はこの翻訳文を国内の団体に広く広報して批准に向けて声明文を出すように促し、総理府や外務省に仲間とともに出向いて条約批准を求める申し入れを行った。

外務省が条文全文「仮訳」を発表したのは、その後のことである。市川がA3版黄色い用紙の「外務省仮訳」に赤鉛筆でメモを書き込んだものが市川房枝記念展示室に残されている。下線を入れたり、解釈を書き込んだりと、熱心に読みこんだことがうかがえる。

条約は、ひとつの大きな転換点となるものであった。女性差別の考え方について本質的に大きな変化があったのだ。そのポイントは、以下二点である。

ひとつは、家庭責任は女性が担うべきという考えを明確に否定し、男女ともに家庭責任を担い、社会参加をすべきだとした。定型化した性別役割分業を排して、考え方や慣習も修正すべきだとする。

ふたつ目は、女性の「保護」に関する考え方の転換である。女性保護は狭い意味での母性保護（妊娠・出産を理由とするもの）に限るべきで、それ以外の保護は差別の根拠になるというものだ。可能な限り男女同一の条件であることが必要であるとする。

金城はこの条約により、国連の「保護と平等を巡る議論に決着がつけられた」とする。条約の採択を境に、女性に対する保護は手厚いほどいいという考えから、保護は差別の原因となるから必要不可欠かつ最小限にすべきだという考え方が次第に主流になっていく。

市川は、条約の早期批准を求めながらも、女性への保護規定を撤廃することには慎重な姿勢を示していた。

> 時間外労働、深夜業、危険有害業務の就業制限を自由にすることは、現状では労働条件の低下となるので、賛成できない。むしろ、男子の労働条件を引き上げて平等にするよう主張したい。（中略）この問題は「平等か保護か」ではなく、「平等と保護の両立」をまず確認した上で、このさい、働く婦人および一般婦人の間で、活発な討論を行いたいものである。（『朝日新聞』一九七九年一月六日）

「女性にとって有害な労働条件は、男性にとっても有害である」というのが条約の考え方であるが、これにはまだ現実が追い付いていないと考えていたのではないか。二〇一〇年代に入り「働き方改革」の機運が高まり、男女問わず時間外労働時間の上限規制が導入されたが、そうした前提なしに保護を外すことには反対であったのだろう。

高橋さんに恥をかかせるのか

女性差別撤廃条約は採択された。しかし、日本政府はなお腰が引けていた。批准にあたっては、国内法の改正を迫られるという大きなハードルがあったからだ。政府は各省との調整が間にあわないという理由で、中間年にあたる八〇年の署名式に参加しない方針だった。しかし、市川はこれを「許さない」と詰め寄った。総理大臣はじめ各大臣、外務省、東京都知事への申し入れ、先述した通り、全国四〇を超える女性団体を束ねての働きかけ、意見表明、請願書提出などを行った。

署名式は、一九八〇年七月一七日、デンマークのコペンハーゲンで開かれる、「国連婦人の一〇年中間年世界会議」で行われることになっていた。代表して署名する任にあたるのは、日本で女性初の大使として注目されていたデンマーク大使の高橋展子。七月上旬に到着した日本代表団のメンバーとともに、現地で息をのむ思いで結果を待っていた。代表団メンバーからは「市川先生が、『高橋さんに恥をかかせるのか』と（政府に）迫ったんですよ」と、その奔走ぶりも聞いていた。

ついに政府は動いた。一九八〇年七月一五日、署名式の前々日に正式に条約に署名することを閣議決定した。

七月一七日夜の署名式、首席代表の高橋展子は薄紫色のスーツに身を包んで壇上にあがった。署名を終えた高橋展子は、国連事務局側の担当部長、久保田真苗と互いに満面の笑みで握手をした。ニューヨークからかけつけた赤松良子も感無量であった。

その興奮さめやらないなか、第二陣として到着した女性議員団のひとりが、市川から託された手紙を高橋に手渡した。元気のいい達筆で書かれた、走り書きであった。

高橋展子様
目下婦人会議開催中で、首席代表として定めてお忙しく大変でしょうとお察ししています。

今夜は、「男女差別撤廃条約」の署名式があり、一昨日の閣議で正式に署名参加が決定、一応日本も恥をかかないでよかったと思っています。

どうぞご無理なさらないように。

今日は、選挙後初の国会で鈴木善幸首相が誕生する筈です。外相には伊東総理代理が任命されるだろうといわれています。

どうぞお大事に。
七月十七日　国会にて　市川房枝

「平和なくして平等なし、平等なくして平和なし」

何とか条約署名にこぎつけた。次のステップは「批准」である。「国連婦人の一〇年中間年日本大会」の基調報告のなかで、市川はこう力を込めて語っている。

「『婦人差別撤廃条約』の早期批准は婦人問題解決の強力な根拠となり得るし、いや根拠としなくてはいけません」

条約批准をきっかけに女性の課題を進めていくことができる、市川にはそんな未来図が見えていたのだろう。いや、そうするべきだという揺るぎない信念をもっていたともいえる。

一九八〇年一一月二二日、市川が実行委員長を務める「中間年日本大会」の当日は、朝からあいにく激しい雨となった。参加団体は四八団体、会場の日比谷公会堂は全国から集まった二三〇〇人の女性で埋め尽くされていた。ステージ中央には、ブルーに白抜きの国際婦人年のマーク。鳩と女性のマークをデザインしたものだ。左右に日本大会のふたつのスローガン、「なくそう男女差別、強めよう婦人の力」「婦人に対するあらゆる形態の差別撤廃条約の早期批准を」が掲げられた。

基調報告をした市川は、このとき後に残る名台詞を口にしている。

「平和なくして平等なし、平等なくして平和なし」

この前後の講演をもう少し紹介したい。女性をとりまく社会状況について簡単に述べたいと前置きをしたのちに、こう語っている。

国連婦人年の一〇年前半は、強力なキャンペーン、政府、自治体、民間活動により「男女平等への社会的風潮はいくぶん広がった」とする。生活面では高度成長により最低の貧しさからはある程度解放されたものの、急速な経済成長のひずみが出ている。

婦人労働者はこういう状況の中で増大しておりますが、パートタイマーの婦人が増えていることは婦人の働く権利、社会参加を手放しで喜べないような低賃金、労働条件の切り下げにつながっています。

こう述べた上で、海外情勢に目を向ける。

一方、中近東の戦争による国際緊張、カンボジアをはじめとする難民の問題、そして未開発のための貧困、人種差別などが国際社会の大問題であり、平和の達成と貧しさからの解放なくして婦人の地位向上などはあり得ないということが理解されるのであります。

こうした国際緊張のなかで日本の役割はどうあるべきでしょうか。日本国憲法によって戦争を放棄し国際平和に貢献すべきことを規定してはいますが、このところ、軍備増強をめぐり改憲論議など、戦争へのきなくさいにおいが漂っております。

平和なくして平等なく、平等なくして平和はない——私ども婦人は、このことを心に銘記して後半期に取り組むべきと思います。

「平和と平等を国際的な連帯で実現していこう」と呼びかけたのだ。女性をとりまく社会状況、労働環境、国際情勢など、今日とあまりに重なるところが多いことに驚かされる。

午前一〇時半に始まった大会は、午前のプログラムを終えたあと、参加四八団体がそれぞれのスローガンを掲げたプラカードをもって登壇した。

「台所の声を政治へ　子育てに男女差別は止めましょう」（主婦連合会）
「平和は男女平等から　安心して子どもを生み、働ける職場に」（婦人労働研究会）
「婦人の労働権確立を」（日本労働組合総評議会婦人局）

「女性解放は人間解放」（あごら）
「婦人の年金権の確立」（総評主婦の会全国協議会）

プラカードは会場いっぱいに広がり、盛んな拍手を浴びた。

午後のプログラムを二時半に終えたとき、さいわい雨はあがっていた。終了後は恒例のデモ行進である。日比谷から東京駅八重洲口まで、銀座通りを長い列をつくって歩く。「婦人に対するあらゆる形態の差別撤廃条約の早期批准を！」と大きく横書きした横断幕を掲げ、最前列の中央を歩くのは、いつものように市川房枝。地味なツイードのスーツに、真っ白な髪。元気にデモ行進をする市川の姿は、これが最後となった。その二カ月半ののち一九八一年二月に逝去、享年八七歳であった。棺には女性差別撤廃条約の条文が納められた。

条約批准と均等法制定

市川没後の動きはどうなったのか。

条約批准に向けては国内法の整備という大きな壁があった。必要な法改正は大きく三つ、これを乗り越えるため各省が動いた。

ひとつ目の法務省所管の国籍法は、一九八四年に改正された。父親が日本人であれば子どもは日本国籍を取得できる「父系優先血統主義」から、父か母が日本国籍であれば日本国籍をとれる「父母両系血統主義」へ変更された。

ふたつ目の壁は「男女同一の教育過程」の実現である。そこで「家庭科女子のみ必修」について、男女共修とする方針が文部省から示された。一九八九年に学習指導要領に反映され、中学校は一九九三年から、高校は一九九四年から実施された。

そして三つ目は、職場で「女子に対するすべての差別を禁止する立法」である。これを実現するために、一九八五年に「男女雇用機会均等法」が成立した。

均等法制定にあたり、反対する財界、

1980年「国連婦人の10年中間年日本大会」の後のデモ行進、日比谷公会堂から東京駅へ

労働組合、国会などを走りまわって「鬼の根回し」をしたのが、国連公使から婦人少年局長に転じた赤松良子である。経団連の稲山嘉寛会長を訪ねたときは、稲山の言葉に目を丸くした。

「女性に参政権など持たせるから歯止めがきかなくなっていけませんなぁ」

一方の労働側も「女性保護規制の廃止反対」「差別規制がゆるい」と猛反対であった。女性団体のなかにも「こんな生ぬるい法律ならいらない」と労働省前でハンガーストライキをしたり「赤松局長糾弾」とシュプレヒコールをあげたりするところも現れた。

法制化をすすめるうえでブレークスルーとなったと赤松が感じたのは、労使代表が会する婦人労働部会（婦人問題審議会の部会）に外務省国連局の条約担当課長を招いて、女性差別撤廃条約の解釈を説明してもらったことだった。雇用平等法がなくては条約が批准できないこと、女性保護規定の見直しは避けられないことが明確に示された。ここで条約批准のために必要なことが霧が晴れるように明らかとなり、経営者側、労働者側ともに覚悟を迫られた。

さらに労使の妥協点を探っていった。これにより当初は差別禁止とされていた項目の大半が「努力義務」となり「ザル法」と批判されたが、それでも一九八五年五月一七日衆院本会議でついに可決。国内法の受け皿が制定されたことを受けて、同年七月、女性差別撤廃条約の批准にこぎつけた。同月、ナイロビで開かれた国際女性年の世界会議では、首席代表となった外務政務次官の森山眞弓が、与謝野晶子の詩「山の動く日来る」を英訳して朗々と読み上げ、日本の法制整備と国際協力への決意を力強くスピーチした。

条約は、市川が思い描いた通り、今日に至るまで日本の男女平等政策の指針となっている。均等法の成立時は国内労使双方の強い反対により、条約で要請された「すべての差別禁止」を織り込むことはできず、差別禁止事項は「定年・解雇」に限定され、「募集・採用、配置・昇進・昇格」は努力義務とされた。その後、一九九七年の改正で「募集・採用、教育訓練、配置・昇進・昇格」まで含めた差別禁止が実現する（一九九九年施行）。

さらに、一九九九年には地方自治体に計画案の策定を促す「男女共同参画社会基本法」、二〇一五年には、事業者に取り組み計画を策定して開示することを促す「女性活躍推進法」が制定された。これらはすべて、女性差別撤廃条約の理念のもとにあるといっていい。条約批准が法整備に与えたインパクトは、実に大きなものであった。

女性差別撤廃委員会からの勧告はいまも続く

「条約批准は女性課題を解決する根拠となる」という市川の言葉はその通りであった。しかし、「条約を根拠として社会を変えていく」歩みは、はなはだスピード感に欠けるといわざるをえない。

女性差別撤廃条約を批准した国は、差別的な法律をなくし、さらには男女平等な社会を作るための政策を実施する義務を負う。「それぞれの国の憲法のもと法律を制定するにあたり、条約は法律より優先して効力をもつという考え方が通説だ」と弁護士の林陽子はいう。批准国は四年に一度（批准時のみ一年以内）、国連の女性差別撤廃委員会に報告書を提出しなければいけない。これを世界各国から選ばれた二三人の委員が審議して是正すべき点について勧告を出す。

批准直後の一九八八年、日本から出された最初の報告書を目にして、多くの委員から驚きの声があがった。「日本は経済大国にもかかわらず、なんと女性の地位が低いのか」と。管理職への登用が少ない、政治参加が少ない、高等教育への進学率に男女差があること、九八％の夫婦が夫の姓を名乗っていることなどが関心を集めた。日本は法律上の平等と事実上の平等との間に大きな乖離があったのだ。この差を埋めるために、政府はどのような施策を講じているのか、アファーマティブアクション（格差を埋めるための暫定的特別措置）が行われているのか、日本政府代表に多くの質問が出された。

さらにその後も委員会への報告書提出を重ね、数多くの勧告を受けてきた。九五年の国連世界女性会議（北京会議）を契機に各国では女性の権利が大きく進展したが、今日の日本ではたしてどれだけ解決しているのだろうか——。

再三勧告を受けながらも、いまだ日本が対応できていないのが民法における「選択的夫婦別姓」の導入である。民法七五〇条では夫婦は婚姻の際に夫または妻の氏のどちらかを選ぶことができるから差別ではないと日本政府は主張する。しかし条約における平等の概念は、「間接差別」も認めない。法律やシステムのもたらすインパクトが女性に不利になる場合は差別であるという考え方をとる。選択的夫婦別姓を導入しないのは間接差別にあたると委員会の指摘を受けながら、日本では最高裁判所も憲法違反を認めず、法改正の目途はたっていない。

もうひとつ新しい課題として浮上しているのが「複合的差別への対策」だ。障がいをもつ女性、在日外国人の女性など、ほかの差別的な要因と重なるとより厳しい差別を受けることになるため、総合的かつ多様な支援が求められる。二〇一六年に「ヘイトスピーチ解消法」が成立したものの、これは「本邦外出身者に対する不当な差別的言動の解消」を目指すとするため、在日の外国人や同和地区の女性、アイヌ民族の女性などは対象となっていない。

弁護士で二〇〇八年から一八年まで国連女性差別撤廃委員会委員（一五年～一七年は委員長）を務めた林陽子は、日本にはなにをもって差別とするか、差別の定義・規定がないことが問題だとして「包括的差別禁止法」が必要だとする。ジェンダー、人種といった属性に限定されないもので、雇用や教育など特定の領域に限らず、間接的差別、複合的差別まで含めるものだ。さらに、個人からの訴えを受ける「個人通報制度」も委員会からたびたび勧告を受けながら実現しておらず救済のための手続きも国際基準に達していないという。

林陽子は、早稲田大学の学生だったころ、一度だけ市川房枝と対面している。「国際婦人年をきっかけに行動を起こす女たちの会」という団体で、会員として活動していたときのこと。紹介者が「林さんは、弁護士をめざして勉強している大学生です」と市川に告げたとき、「ああ、それはいいね」と満面の笑みで返された。その言葉に背中を押され、法曹界で弁護士として歩むことになる。あるとき、新聞で市川のインタビュー記事に目がとまった。先に紹介した「政府が条約を批准することは大事である、条約は時の政権によって中身を変えることができないから」といった趣旨のものだ。

その切りぬき記事をお守りのように持ち歩いていた林は、およそ三五年ののち、各国の女性問題の専門家を束ねる国連女性差別撤廃委員会のトップとなった。

均等法の産みの親とされる赤松良子は、多くのすぐれた先輩たちが迫害や中傷に屈せず闘ってくれたからこそ、女性差別撤廃条約ができ、均等法が成立したという。そして後輩たちの努力により、均等法が改正され男女差別を禁止する法律となった。赤松は「男女平等の実現のための、長い列に加わる」という言葉を胸に抱いてきた。市川房枝、藤田たき、赤松良子、林陽子らに連なる「長い列」はいまに至るまで連綿と続いている。

第1章

「農家の娘」が一四歳で米国留学を目指す

農家に生まれた娘として

「貧しい農家の生まれである」

市川は生い立ちを語るとき、まずはこう切り出した。これは市川にとって自分とは何者であるかを示す、アイデンティティだったのではないか。

一八九三年（明治二六）、愛知県中島郡明地村《めいち》（現在の一宮市）の農家に生まれた。生誕地・明地村は、木曽川の流れる濃尾平野のほぼ中央に位置し、遥か西に伊吹山と養老山地を望む。当時は、青首の尾張大根や赤芽の里芋で知られる農村地帯で、隣村で織物が盛んであったことから、織機を置く農家もあった。

生家は、田畑七、八反を耕しながら養蚕も手がける農家で、幼い頃からよく農作業の手伝いをした。高等小学校に入るころになると、学校から帰るや鞄を放り出して田畑に行った。田植え、草刈、刈り入れ、養蚕のお蚕さまの世話、生糸づくりなど、何でも手がけた。養蚕の最盛期には畳の部屋をお蚕さまに明け渡し、土間で寝泊まりしたという。というと、真面目一本やりの優等生であったように聞こえるが、小学生のころ学校に行くのが嫌になり、弁当だけ持って納屋に隠れていたこともあったという。

市川は身長一五八センチと明治生まれの人にしては、やや大柄である。肩が張っていて背中が広かった。骨格がしっかりしており手が節くれだっているのは、子どものころの農作業のためではないかと本人は語っている。

地面を踏みしめて、額に汗して働く。そして労苦に見合った対価を得る――。市川の生き方の背骨は、幼いころからの農作業で育まれたように思う。農家に生まれ、生涯農民の心をもって生きることに誇りをもっていたのだろう。

明地村はその後、尾西《びさい》市そして一宮市に統合され、生家住所は愛知県一宮市明地となる。名古屋からJR東海道線に乗って岐阜方面に一〇分ほど走り、尾張一宮駅で降りて車で一五分ばかりの住宅街の一角に生家跡がある。かつては一面田畑であったところ、残る田んぼはごく僅かで、住宅が建ち並んでいる。遺族から市に寄贈された跡地はいま雑草が生い茂る空き地となっており、ここに公園をつくり市川房枝の顕彰プレートを設置する計画が進んでいるという。傍らに建つ公民館は房枝の姉の遺産により建てられ、市に寄贈されたものである。

生家の前は、いまでは住宅街によくみられる静かな通りであるが、江戸時代から東海道線が開通する明治半ばまで、「美濃路《みのじ》」と呼ばれる賑やかな街道であった。参勤交代の時代、この「美濃路」を大名行列が通っていた。父・藤九郎は、皇女和宮が嫁ぐ際の行列で荷物を担いだことがあると房枝に語り聞かせている。江戸のころには、朝鮮通信使や徳川将軍が所望してインドから運んだ象がこの美濃路を通ったという記録もある。海外からの遣いも通れば、象も通る、さぞかし外国の風も吹いたであろう。交通の要所であった郷土の風土が、房枝の人生に大きな影響を与えたと思われることから、少し詳しく立地を説明したい。

大阪から京都・伏見へのびる東海道は大津の次の草津で、中山道と東海道に分かれる。中山道は琵琶湖沿いに進んで、関ヶ原の次の垂井《たるい》で木曽に入る中山道と、名古屋に向かい東海道と合流する「美濃路」に分かれる。垂井から三つ目の宿が「起《おこし》」、その次が「萩原」の宿、この間のあたりに房枝の生家はある。

大阪、京都から江戸へ――、人が行き交うということは、情報もまた行き交う。幕府によって不都合な政変から世の風俗まで、虚実ないまぜの情報がいち早く飛び交う。変化の矛先を捉えるもの、明治の文明開化を伝えるもの、最先端の情報をもたらすのが街道であった。

一宮市尾西地区から、女性の偉人が三人も誕生していることは、こうした土地風土と無縁ではないだろう。ひとりは、彫刻家ロダンに請われてモデルとなったことで知られる女優の花子。明治後期から大正にかけて二〇年に渡り欧州で旅芸人一座を率いて人気女優となった。そして市川房枝。もうひとりが市川の後輩にあたる洋画家の三岸節子《みぎしせつこ》で一九〇五年生まれ。南仏に二〇年暮らし、米ワシントンやパリでも個展を開いた。最晩年に故郷の生家跡に三岸節子記念美術館を建てて翌年九四歳で逝去。三人はいずれも若いころから、名古屋、東京、大阪を通り越し、世界に向かう目線をもっていた。これも「街道」のもたらした外の人と情報のおかげではないか。

房枝に影響を及ぼしたと考えられる、もうひとつの土地柄がある。それは、近代産業を牽引した紡績工場の集積地であったことだ。織物が盛んであった一宮市には、大正終わりの頃から紡績工場が相次いでつくられた。房枝が高等小学校に通った「起」地区には、織物業を営む家が多く、同級生のなかにはそうした家の子息も少なくなかった。にわかに生産を拡大する織物工場は、遠く九州から女工を集めることもあった。なかには劣悪な労働条件で女工を働かせるところもあり、明治半ばには一宮の織物工場の寄宿舎で火災が起き、逃走防止と男性の侵入防止のために設けられた柵格子のなかで女工ら数十人が逃げ遅れて焼死する事件も起きている。紡績工場で働く女工の労働環境改善に、房枝はのちに力を入れるが、幼いころから近代産業の正負の面を肌で感じていたのではないか。

つまり、房枝が生まれた農村は、農作業をいとなむだけの「単なる農村」ではなかった。

日本を形作るような主要な街道で人が行き交うところであり、近代産業のはじまりの地のひとつでもあったのだ。

「女に生まれたのは因果なこと」

房枝は「貧しい農家」であったと繰り返し語るが、いまも残る生家の写真を見ると門構えのある瓦ふき屋敷で、極めて貧しいというほどではないようだ。

母屋に八畳二間と四畳半、三畳、六畳の五間に、広い土間と台所。隣に農作業をする納屋があり、手織り機など織物道具があった。生まれる二年前の濃尾《のうび》地震で家が倒壊し、その古材で建てたものだ。被災した家屋は九間もある大きなものだったので、材木が余った。そこで隣に貸家を四、五軒建て、木賃宿、人力丁場（人力車夫の控え所）、散髪屋などに貸していた。貸家の商売の内容をみても、街道沿いならではである。

しかし、生活は実際につつましかった。朝はさつまいものお粥、昼は割麦をまぜたご飯、夕食は少しの米に大根や里芋をたくさんいれた雑炊だった。白米は、子どもの弁当と仏壇に供えるおぶくさまのために、小さな鍋で炊いた。海から遠い土地のため、魚はフナ、モロコなどの川魚と、いわしの干物、塩鮭、みがきにしんなどを時折食べる程度だった。

房枝は子どものころを思い起こすと、ある光景が脳裏に浮かぶ。これが生涯取り組むことになった女性の地位向上の運動の原点となった。

暴君であった父親は、子どもが悪さをするなど何か気に入らないことがあると、母親をげんこつで、ときには薪ざっぱ（薪にするための木切れ）で殴った。じっと我慢をする母。そんな母を、房枝は泣きながらかばった。嵐が過ぎたあと、房枝の頭をなでながら言った。

「いままで何度里に帰ろうと思ったかしれないが、おまえたち子どもがかわいいから我慢しているのだ、女に生まれたのが因果だから……」

母の「女の悲しみ」は、房枝に深く刻み込まれた。

「なぜ女は我慢をしなければならないのか、なぜ女に生まれたのが因果なのか」

この疑問が、生涯を通じて女性運動に身を投じる出発点となったのだ。

父藤九郎は一八四八年（嘉永元）生まれ、次男であったが、兄が明治維新後に勉強をすると家を出たので、後を継いだ。一時は藍玉《あいだま》の商売を手がけたが、こちらは上手くいかなかった。親族との訴訟でも財産を減らし、房枝が生まれたころには農業を営んでいた。

母たつは隣村の農家に生まれ、一九歳のとき一一歳上の藤九郎に嫁いだ。姑である祖母りのは屋敷づとめをしたことがあり文字は多少読めたのだが、母たつは無学で姑からいじめられた。しかし、たつは忍耐強く、理性的で記憶力のいい人だった。文字は読めなくても数軒の貸家の家賃の計算など、すべて暗記していた。

この両親のもと、房枝は男三人、女四人の兄弟姉妹の三女として生まれる。かんしゃく持ちで、ことあるごとに母にあたった父であるが、子どもにとっては何でも言うことを聞いてくれるやさしい父親であった。幼いころ、父の肩車にのせられて、三味線片手に語るちょんがれ節を聞きに行ったことをなぜかよく覚えている。

「自分は学問をしなかったから百姓をしている。おまえたちはみんな勉強せよ。自分が一生懸命働いて、いきたい学校にやってやる」

藤九郎は息子にも娘にも、変わらずこう繰り返した。房枝は「女の子だから行儀よく、女らしく」といわれた記憶は一度もないという。

藤九郎は酒も煙草もたしなまず、女狂いもせず、教育費の工面のためによく働いた。現金収入を増やすために養蚕を年三回、四回と繰り返したこともある。それでも足りなくなれば、子どもを進学させるために貸家を売った。母たつもまた、一瞬も手を休めることなく働いた。農作業に加えて、貸家の管理、そして機織り。柄づくりの名手で、子どもたちの着物はすべて母の手織りであった。

長兄の藤市は、郷里で小学校の教師をしたのち東京の政治学校に進み、その後米国で学び現地で日本語新聞を立ち上げた。その後、読売新聞の記者となる。米国への留学費用は、藤九郎が借金をして用意した。二番目の兄は夭折、末弟は師範学校のときに病気により急逝した。長姉は身体が丈夫ではなく尋常小学校を終えたあと家事を手伝い、嫁にいった。次姉は岡崎の第二師範女子部、そして奈良の女子高等師範に進学し教師を続けた。妹は名古屋の淑徳女学校を出たあと米国在住の日本人と結婚し、シアトルに住んだ。

明治後期から大正はじめにかけて、ここまで教育熱心だった農家は珍しい。とくに女子は、尋常小学校（四年）か、そのうえの高等小学校（四年）をおえて嫁に行くのが普通だった。日本は世界の中でも義務教育開始が早く、一八八六年（明治一九）に出された小学校令で尋常小学校四年が義務教育化されている。一九〇〇年には義務教育が無償化されたが、親にとって高等小学校よりうえの教育費は負担が大きいものだった。

父が教育において実に開明的であったことが、房枝の人生を決定づけた。それをもって母親への暴力が免罪されるわけではないが、父親が房枝の人生の可能性を大きく膨らませたことは事実である。では、教育においてリベラルだった父とは、いまほどんな人だろう。それを探る手がかりは、

1907年市川家の人びと。左から姉みす、妹清子、父藤九郎、弟武、母たつと房枝

とんど残されていないが、一宮市尾西歴史民俗資料館学芸員の宮川充史は、いくつかの仮説を立てている。

第一に、先述した通り交通の要地であった街道に育ち、時代の変化をその目で見ていることである。幕末の動乱期に青春時代を過ごし、大名らの参勤交代の様子、武士の振るまいを農民の眼で見つめていた。さらに明治の代に移り、武士と農民の姿は変わっていく。そして房枝が生まれる前の濃尾地震で、あたり一面家屋がほぼ全滅し、死者七〇〇〇人ともいわれる被害が出たときのこと。東京帝国大学の医師ら西洋医学を学んだ一期生たちが災害支援のために現地入りした。漢方から西洋医学へと大きく移り変わる転換点で、西洋文明の力を思い知ったはずである。

第二に、『市川房枝自伝　戦前編』(以下『自伝』)から藤九郎の教養がうかがえること。房枝は高等小学校のころ本居宣長や平田篤胤に傾倒していたというが、おそらく父親の蔵書から影響を受けてのことと思われる。江戸後期、ある程度教養のある庶民の間で国学が学ばれており、それを草莽《そうもう》の国学と呼ぶ。儒教や仏教など外来の教えを受ける前の日本古代の文化を、『古事記』や『万葉集』などに学ぶものだ。房枝の言葉から、父もまた草莽の学徒であることがうかがえるという。

江戸から明治への激動期を生きた父・藤九郎は、街道を行き交う情報のなかから、同世代の若者らが新しい国をつくるために活躍している様も耳にしていただろう。近代産業の礎を築いた渋沢栄一は、藤九郎の八歳ほど上である。渋沢家は藤九郎が失敗して財産を失った藍玉の商売で成功を収め豪農となった。栄一は農民から武士へと取り立てられ、そして新政府の主要人物へと駆けあがっていく。明治政府をつくったキーパーソンには、そうした階級移動をした人が少なくない。自身にもまた違う道があったのではないか。資産を減らして家が傾くなかで、そんな思いを抱きながら子どもたちに夢を託したようにも見える。

明治憲法、明治民法の壁

農村で房枝が生まれ育ったころ、日本は近代国家をめざして新たに法秩序を整えるという大きな節目を迎えていた。このときに明文化されたジェンダー不平等な法体制に、房枝は長年闘いを挑むことになる。

一八八九年(明治二二)、大日本帝国憲法(明治憲法)が発布された。明治憲法の特徴は、主権者である天皇が絶大な権限をもつことである。「臣民の権利」という文言も盛り込まれているが、この場合の「臣民の権利」とは、主権者である天皇によって恩恵として与えられたものにすぎなかった。

ここで「臣民」とは、男性を意味する。しかも兵役、納税、教育の三義務を担える一部の男性のみをさし、女性は含まれない。義務を負うことのできる臣民は「男性、有産者、健常者」という考えである。そうした考え方のもと選挙法も制定される。

明治憲法と同年に衆議院議員選挙法が公布され、直接税一五円以上を納める男性には、二五歳以上に選挙権、三〇歳以上に被選挙権が与えられた。選挙権を有する男性は約四五万人で国民のわずか一・二四%に過ぎなかった。はなから選挙権交付の対象とみなされなかった女性と未成年を除くと全体の三%だった。翌年、第一回衆院選が行われる。有権者は羽織袴を着て投票所に行き、氏名住所を書いて実印を押して投票したという。

そして一八九〇年、房枝が生まれる三年前のこと、女性は集会及政社法により政治活動が全面的に禁止された。同法は一九〇〇年に「治安警察法」にかわり、その五条で女性が政治集会に参加すること、政治結社に加入することの禁止がうたわれている。詳しくは次章以降に譲るが、市川は長じて女性の政治参加禁止の壁と四半世紀に渡り闘うこととなる。

明治憲法発布から九年後の一八九八年には民法の親族編、相続編が公布された（いわゆる明治民法）。天皇を頂点とした国体を維持するには、家族の成員を支配する戸主（家長）を中心とする家父長的家族制度が不可欠であった。女子が結婚するには戸主の同意が必要であり、結婚後は妻の財産管理は夫に委ねられていた。女性は、結婚前は父に従い、結婚してからは夫に従い、夫亡きあとは子に従うことが求められた。

江戸時代には庶民の家では土地財産を女系でつなぐ事例もあったが、必ずしも法体系で秩序だっていたわけではない。ところが、明治維新を経て近代を迎え、法により完全に女性を「公的領域」から排除することになる。意識だけではなく、法体系・制度により女性を「公」から排除するかたい「壁」をつくったのだ。政治分野の運動を一切禁止したのもこの一貫である。

欧米と伍していくために近代国家の建設を目指した明治政府は、西洋先進国の法体系を研究した。伊藤博文がドイツはじめ欧州を一年以上にわたり視察して、プロイセン憲法をもとに明治憲法の案文をつくった話は有名である。その欧州は、古くは紀元前のローマ帝国時代のローマ法からして、家父長制で女性の人権を認めないものであった。その後五世紀ごろから長く欧州地域を支配したゲルマン民族のゲルマン法もまた、軍事能力のない女性は父や夫に従属するものとした。

時代が下りフランスでは、一七八九年にフランス革命を経て、人間は人に譲り渡すことのできない神聖な権利をもつという「人権宣言」が出されたが、このときの「人間」にも女性は含まれていない。

欧米に学んだ明治の閣僚にとって、近代国家とは有産階級の男性中心のものであり、それを法律で明文化するのは疑いようのないことだったのだろう。近代化はすなわち西洋化であり、男性中心の国家体制づくりだったのだ。

序章で述べたような、女性の権利を否定するにあたっての「特性論」「役割論」は、世界共通のものであり、欧米・日本を問わず古今東西通じるものである。さらに日本においては、これに加えて儒教精神にもとづく封建的な男尊女卑思想があるともいわれている。市川は、性差別を織り込んだ制度が法により確立された時代に育ったのである。

房枝が生まれ育ったころ、日本は外交面においても、激変期だった。東アジアに植民地を求める西洋諸国などと日本は衝突するようになる。朝鮮半島の支配を巡って中国（清）、そしてロシアと一戦を交え、日清・日露戦争が勃発する。日露戦争の勝利により、日本は近代国家の仲間入りをしたという認識も広がっていく。高等小学校に通っていた房枝は、日露戦争で日本軍が旅順を陥落させたことを祝い、旗行列をしたことを覚えている。

歌人、与謝野晶子は、日露戦争に向かう弟を思い「君死にたまふことなかれ」を『明星』に発表した。

「あゝおとうとよ君を泣く　君死にたまふことなかれ　末に生まれし君なれば　親のなさけはまさりしも　親は刃《やいば》をにぎらせて　人を殺せとをしへしや　人を殺して死ねよとて二十四までをそだてしや……」

いうまでもなく、反戦の歌である。のちに市川は女性参政権の実現をめざす「婦選の歌」を与謝野晶子に作詞をしてもらうことになるが、日露戦争のころ村の高等小学校に通う少女は、そのような縁が結ばれるとはもちろん想像だにしていない。

一四歳で単身渡米を試みるも……

良くも悪くも怖いもの知らず、房枝の独立心と冒険心を物語る逸話には事欠かない。父の藤九郎は当時流行し始めていた馬鈴薯《ばれいしょ》をつくっていたが、房枝はひとり、まだ夜の明けないうちから大八車に馬鈴薯を積んで先綱を引っ張り、五里（約二〇キロ）の道を歩き名古屋の西洋料理店まで売りに出かけたこともある。店の女主人にほめられ、きしめんを二杯ご馳走になり帰ってきた。

一九〇七年（明治四〇）、一四歳のときには、単身米国に渡ろうとしたこともある。高等小学校を卒業するにあたりこれからの進路を考えるに、姉が通う師範学校に進むのはなんとなく面白くない。米国に暮らす長兄に手紙を書いたところ「アメリカに来い。こちらで勉強せよ。渡米願を出すように」という返事が返ってきた。そこで役場に行き、渡米願の書き方を教えてもらい自分で提出した。すると、一宮市の警察から呼び出しがかかり、約一里半（六キロ）の道をひとり歩いて警察署に赴いた。「きみひとりで行くのか」「はい」「大胆だなあ」というやりとりがあり、けっきょく申請は認められなかった。

進学の機を逸して家の手伝いをするも、ここで留まるような性格ではない。翌年はどこの学校で学ぼうかと婦人雑誌をめくっていたところ、三輪田真佐子《みわたまさこ》が経営する三輪田高等女学校が目にとまり東京に行きたいと考えた。のちに世間を揺るがせた『青鞜』も『婦人公論』もまだ発刊されていないころ、どの雑誌をみたかいまとなっては定かでないが、一四歳の少女が雑誌から東京の進学希望先を自ら探し出すという情報収集力と行動力には驚くばかりである。

再び米国在住の兄に「東京に行きたい」と手紙を書いたところ、「友人の弁護士を紹介するからその人を訪ねろ、学費は送ってやる」という。米国行きもそうだが、このときもまた一四歳の娘がひとり東京に行くことに、親が反対した様子はない。汽車賃と当面の生活費で、二〇、三〇円を工面してくれた。兄の友人と新橋駅で待ち合わせをするにあたり、母が織ってくれた着物地の端布を送り「この着物を着ていきます」と手紙を送った。ひとりで竹行李と信玄袋を抱えて、朝五時半に名古屋駅から東海道線に乗った。新橋駅に降り立った房枝を、髭の紳士がにこにこと出迎えてくれた。人力車で麴町五番町の家へ。夫人と赤ん坊に出迎えられ、玄関脇の三畳間でお世話になることとなった。

間もなく三輪田高女の三年編入試験を受けたものの、不合格となる。ではどうするか。寄宿先の目の前は女子英学塾（のちの津田塾大学）だったが、ここは女学校卒業生を受け入れるところで、かつ難関で知られており手が届きそうにない。寄宿先の夫人の妹が隣に住んでおり、自分の出身校である女子学院はどうかと、院長の矢嶋楫子《やじまかじこ》に紹介状を書いてくれた。

高等小学校の卒業免状をもって女子学院を訪れた房枝は、矢島院長と面会した。地味な手織りの筒袖の着物を着て飾り気がない、そうした質素な身なりをほめてもらったことを房枝は覚えている。このとき矢島は七〇代半ば。故郷・熊本に三子をおいて離婚して上京、教師となり洗礼を受け、日本基督教婦人矯風会を結成し初代会長を務めていた。

さて房枝は入学を認められたものの、わずか四カ月ほどで女子学院をやめてしまう。女子学院はミッションスクールのため、午前は英語と聖書、午後は国語、数学、歴史、図画などを学ぶ。授業は面白かったが、弁当の前と授業後にみなで集まりお祈りをするのが嫌で、授業が終わるや飛びだして、神田にある国語伝習所に夕方から通い『万葉集』や『十八史略』などを学んだ。

加えて困ったことに、兄から約束の学費が届かない。新聞でアルバイトを探して「釈……」と法名を書き起こす筆耕の仕事をみつけて帰宅後に励むも、一枚二銭程度でたいした収入にならない。とうとう手持ちの金が底をつきそうになり、実家に頼んで「ハハビョウキカエレ」という電報を打ってもらい、東京を引き払った。

「良妻賢母」教育に異を唱えてストを起こす

「女性が独立して生きていくには、やはり先生がいいだろう」

故郷に戻った房枝は、まもなくこうした進路を思い定める。一五歳夏、まだあどけなさの残る年ごろであったが、早くも生涯独立して生きていく道を思い描いていた。高等小学校のころ、師範学校出身の厳しくも尊敬できる女性教師が担任の先生となり、その姿が脳裏にあったようだ。

夏休み明け九月から隣村の萩原町立萩原尋常小学校の代用教員となる。月給は五円、二年生の担当教員を務めながら、準教員を育成する講習会を受けて合格、翌二月から月給八円となった。とはいえ師範学校出の先生に比べると半分以下である。

当時は、かならずしも教員資格を持たなくても教師となれる時代だった。師範学校令により体系的な教員養成制度が整ったのは、一八八六年（明治一九）のこと。初等教育による有資格者の割合は、一九〇〇年五五・三％、一九〇五年六六・四％、一九一五年七六・七％（文部省調査局編『日本の成長と教育』）。師範学校出の教師が増えるなかで、「女性の仕事のなかでは上の部である教師になろう」と房枝は考えたのだった。

房枝はとうとう観念して姉の通っていた岡崎の愛知県第二師範学校に進むことを決める。師範学校は小学校の教員を養成する学校で、授業料も寮費も無料のうえ、年一着の袴、夏冬一枚ずつの着物が支給される。そのかわり卒業後は県内の学校に五年は勤めることが課される。師範学校には経済的な余裕はないが勉強をしたい女子、独立して職業を持ちたい人が集まるため、定員三〇人のところ数倍の倍率となるなか、一九〇九年、房枝は本科一年に合格した。

第二師範女子部は、愛知県岡崎市のはずれにある丘の中腹にあった。質実剛健な校風は房枝の気質に合っていたようで、のびのびと過ごす。得意な科目は数学と理科、とくに物理が好きだった。苦手なのは音楽や家事、裁縫、いわゆる家庭科といった科目である。まじめでよく勉強したのか、先生たちからはかわいがられた。とくに、東京女子高等師範学校出身の英語、修身の教師、千田仁和野には世話になった。自宅に泊まりに行ったり、浪花節を聞きに連れていってもらったりした。東京に転任してからも訪ねて行き、亡くなるまで生涯の付きあいとなった。

入学間もなく脚気となり、実家に

1910年師範学校時代のテニス仲間とともに。前列右端が市川

戻って数カ月静養することとなったが、その後体調を取り戻した。昼休みにテニスやピンポン（卓球）を楽しむようになり、疲れて午後の授業で居眠りをすることもたびたびあった。師範学校時代最終学年のころの房枝は、丸いお月さまのようなふくよかな顔で、健康的な生活を送っていたことがうかがえる。

第二師範学校時代、のちに社会運動家となる房枝の萌芽ともいえる出来事があった。岡崎での師範学校の生活は三年生までで、四年生となり名古屋に新設された愛知県女子師範学校に移ることになった。ある日、新しく着任した校長による訓話があった。「女子は良妻賢母となるべきだ」「（結った髪が崩れないように、昔ながらの）船底の木枕を持参せよ」という。

これを境に、岡崎時代の心地よい空気は吹き飛んでしまった。生徒を子ども扱いし、掃除のあとに窓のさんのほこりを手でこすってやり直しをさせるような、管理教育が始まった。これには、房枝ともども二八人の同級生は怒りを覚える。

ある日、消灯後の図書室に集まり「愚劣な良妻賢母主義に異を唱える」ことで一致した。二八人ひとり一項目の要請文をつくって校長に手渡しし、翌日から授業には出るが返事はしない、試験は白紙で出すことでまとまった。下級生三年生も同調することとなった。房枝初のストライキである。

けっきょく全員での校長面談はかなわなかったが、級長の房枝と副級長が代表して校長に申し入れをして三時間に渡り話し合いを行った。二八項目のうちいくつかは聞き入れられることとなり、ストライキは三、四日で矛を収めることとなった。

いくつかの要求は通ったものの、学校に対する不満は消えず、房枝は次第に勉強から遠のいていく。そうしたなかで、師範学校から受けられる高等師範学校に進もうと、東京女子高等師範学校を受けるが、不合格となる。もうひとつの選択肢である奈良女子高等師範学校は、姉が通っていること、成績優秀者には試験なしの推薦枠があったが、試験なしは嫌だったので気が進まなかった。残された道は、小学校の教員となることだった。

教員となり、男女格差に驚く

一九一三年(大正二)、二〇歳となり故郷の母校である朝日尋常高等小学校の教員となる。晴れて師範学校出の教員となり、市川にはじめに刻み込まれたのが、男女の処遇差だった。卒業時の成績からか、女性教員は給料がもっとも高い場合で月給一六円、男性は一八円。加えて女性の教師には、来客時のお茶出しやカーテンの洗濯まで課される。市川は月給一六円だったが、納得がいかなかった。学校では年末に「競馬会」なる忘年会があり、牛肉ではなく馬肉ですき焼きをする。そのときの料理番を小使いと市川が担当させられたことも不満だった。

女性一六円、男性一八円の給与格差。加えて、女性にのみお茶出しや洗濯といった無償労働が求められる。明らかに合理性を欠く処遇差であり、男女差別である。市川の問題意識は明確だった。しかし大正はじめのころ、これを問題視する人がどれほどいただろう。

一気に時代を下り今日の日本にタイムスリップすると、日本ではいまなお男女の賃金格差が大きく、男性の中央値を一〇〇とした場合、女性は七七・五（経済協力開発機構＝OECD、二〇二〇年調べ）。先進国のなかで、その差がもっとも大きい。

教員初任給の男女差は現在では解消されているが、日本全体の男女賃金格差の解消は、この一〇〇年遅々とした歩みである。合理性を欠いた説明のつかない男女格差に対してデータをもって捉え、その要因を探る。不合理に対して大いに課題意識をもって改善に向けて動く。こうした当たり前のことに、市川は一〇〇年も前から取り組んでいた。教師となりはじめて知った職場の男女格差——、この問題意識が、市川の生涯を貫く女性運動のもうひとつの出発点だったのではないか。

大正デモクラシーの洗礼を受ける

「私はもちろん思想家ではない。大正デモクラシーの洗礼を受けた自由主義者のひとりで、極めて現実主義の運動家であったようだ」。市川は晩年綴った『自伝』でこう語る。

民主主義、自由を求める大きなうねりとなった社会運動「大正デモクラシー」。クリスチャンである吉野作造が思想的リーダーとなり、欧州の事例を紹介しながら、国民の利益福祉を目指す政治を説いて論争を巻き起こした。運動が盛んであったのは、房枝が師範学校を卒業するころから二〇代にかけて、社会に出て大きく息を吸い込む時期である。大正デモクラシーの最大の成果ともいえるのが、すべての男性が選挙権をもつ「普通選挙」の実現だった。デモクラシーの「洗礼」を受けた市川が、民主化を突き進めるなら「普選」のみならず、「婦選」（女性参政権）もあってしかるべきだと考えるようになったのは、当然のことともいえる。

民衆が社会を変えようとする熱量を、房枝は肌で感じたことがある。ある日、名古屋の駅前の大通りで、米騒動の群衆に遭遇したのだ。価格が高騰するなか、富山の漁村で女性らが起こした暴動が全国に広がり、名古屋でも群衆が鶴舞公園に押し寄せていた。地方の漁村で女性が起こした抗議運動が日本各地に広がり、政府に揺さぶりをかけていた。明治日本が旧来の枠組みでは対処しきれなくなった諸問題に対して、民衆が立ちあがる社会運動が同時多発的に起きていたのだった。

各地で労働争議が起こり、日本初の労働組合が結成された。反戦を掲げた社会主義者が力を持つようになると、大逆事件はじめ政府による弾圧も始まる。

平塚らいてうらによる『青鞜』は、そうした機運のなかで生まれた。

「元始、女性は実に太陽であった。真正の人であった。今、女性は月である。他に依って生き、他の光に依って輝く、病人のような蒼白い顔の月である」

一九一一年発刊にあたっての「創刊の辞」書き出しは、社会に波紋を巻き起こした。当初、女流文学に力点をおいた言論活動は、女性の覚醒に広がっていく。『青鞜』に集まった論者らは、男性社会のなかで男性の便宜のために作られた、「旧き道徳、法律」を破壊しようと説く。「新しい女」の主張である。これは良妻賢母思想に対する批判でもあった。女性を妻、母として家庭の中にとどめおき、国家に統合していこうという思想に対する「否」であった。女性の自我を尊重し、自然な感情の発露としての恋愛を重視しようと、家制度を批判する。

『青鞜』が創刊されたころ、房枝は岡崎の師範学校に通う学生だった。「『青鞜』を目にしたことはあったが、あまり興味をそそられなかった」と述懐する。青鞜発起人五人のうち四人は、日本女子大学の卒業生。比較的恵まれた家庭の女性たちによる観念的な論争は、どうもしっくりこなかったようだ。実際に書店で購入したのは、編集長が平塚らいてうから伊藤野枝に替わってからの一号のみだったというが、「面白いとは思わなかった」。師範学校で「愚劣な良妻賢母教育に異を唱える」とストライキまで起こした房枝だったが、目指す方向は同じであっても、社会を変える方法論や依って立つところに違和感があったのだろう。

では、大正デモクラシーから受けた影響とはどのようなものか。二〇代のころの房枝は、キリスト教抜きには語れない。少女時代に、父親の影響で国学に傾倒したことはすでに述べたが、新しい思想の風が吹くなかで、キリスト教は心躍る知と出会いをもたらす窓口となった。

故郷で教員となった翌年、自ら名古屋への転勤を願い出て、名古屋市立第二高等小学校に移ってからは、夜も日曜も休みなくあちこちの勉強会や講演会に参加した。夏休みになるや東京に出かけて、師範学校時代の千田先生の家に泊めてもらい、早稲田大学の公開講座などに通った。このころキリスト教会にも通い、洗礼まで受けている。晩年、『自伝』のなかで「キリスト教は私の中を通りすぎてしまい、いまは無宗教である」と語っているが、二〇代前半のころは傾斜している様子がうかがえる。

大正デモクラシーが盛りあがるなか、名古屋にも著名人がたびたび講演に訪れている。明治の実業家であり教育者であり、社会運動家でもある、房枝いわく「女丈夫」の広岡浅子の講演会にも出かけた。夏休みには、広岡が静岡県の御殿場で開いた一週間ほどのキリスト教夏期講座にも出席している。ここで、のちに運動を共にすることになる女性らと出会っている。そのなかには、群馬の東洋英和の教員だった安中花子（のちの村岡花子、『赤毛のアン』の翻訳者）の姿もあった。

名古屋の文化人サークル「木曜会」にも知人の紹介により参加し、時事問題が話し合われる場に同席させてもらった。名古屋新聞(現・中日新聞)主筆の小林橘川《きっせん》、牧師や保険会社の幹部などすでに社会的地位を確立したメンバーが参加しており、二〇歳を過ぎて間もない房枝は、末席で傍聴するといった格好だった。木曜会に参加していた牧師が愛知教会で哲学の講義をするということで、ここにも参加した。牧師から岩波版『認識論』の輪読指導を受けたこともあった。教会の会員となりある程度は献金したほうがいいかと思い、信仰は十分ではなかったが洗礼を受けたという。すると日曜学校の教師をしてほしいと頼まれて断り切れなくなり、子どもたちのクラスを受け持ちイエス・キリストのテキストを読んできかせた。

同僚から求婚されるも、結婚の意思はなし

このころ定期購読していたキリスト教系の雑誌『六合雑誌』に、「F・I」というイニシャルで、結婚に関する迷いを投稿している。その内容を要約すると、次のようなものだ。

自身の現在を眺めるに、突き当たるのは結婚問題である。理論上は結婚すべきものと思うが、自身の問題としては甚《はなは》だ迷う。一生を捧げて、女性のため社会のため、あるいは学術のために努力したほうがいいのかと思う。しかし実際に自身にそれだけの

才能と手腕があるかは甚だ疑問である。寂寞の感におそわれながらも、秋河畔にたたずんでいる……。

二〇代前半の房枝の率直な思いである。高等小学校時代の同僚の男性教員と、教会の輪読指導をともに受けるなか、自宅を訪ねたこともあった。その男性に、「教師にとどまるか、女性の社会的進歩に思い切るか」という迷いをノートに綴って渡したこともある。このときは、近所の派出所の警官が「若い男女ふたりの先生が自宅に出入りしている」と校長に耳打ちしたとのことで、どうやら二人の間に進展はなかったようだ。

はじめの赴任校の小学校の同僚からは、実家に結婚の申し入れをされたこともある。晩年、名古屋で教師をしていたという女性から、逝去した小学校校長だった夫が遺した手紙の中に、房枝への思慕を綴ったものがみつかったと知らされた。「あまりにもつれない態度で突き放したことが悔やまれる」と『自伝』で綴っている。もっと勉強したい、もっと仕事をしたい、もっと活動をしたいという思いが強く、結婚には踏み切れなかったのだ。

このあたりも、『青鞜』に集った「新しい女」たちが、恋愛をして子どもを産み育てながらも、言論活動を続けた生き方とは違う。平塚らいてうは、作家・森田草平と心中未遂事件を起こして新聞沙汰になったあとも、動じなかった。その後『青鞜』を立ちあげたものの、まもなく年下の画家と出奔、籍を入れないまま子どもをふたりもうけた。平塚が去ったのち、『青鞜』を率いた伊藤野枝は、事実婚含めて三回の結婚をして七人の子どもを産みながら執筆を続けた。

房枝には、こうした選択肢は考えられなかった。「結婚か、仕事か」「教師を続けるか、女性の社会的進歩のための運動か」、一本道しかなかった。二〇歳を過ぎたばかりのころから「女性の社会的進歩のための運動」というひとつの太い道筋がおぼろげながら浮かんでいたのだった。それから十数年経ち三三歳を迎えたころ、房枝は「オールドミスの生活」という随筆を書いている。婚期を逃した独身女性が侮蔑的に「オールドミス」と呼ばれることもあるが、むしろ新しい生き方であるから「ニューミス」というべきであるという。「自分で働いて生活する、若《も》しくは自分で働いて他を扶養するということ、それは如何に自由であり愉快であることよ」といい、さらには「経済的独立なくして、人格の独立はあり得ない」といい切る。

房枝にとっての理想の男女のあり方とは、次のようなものだという。

> 理想の社会――それは勿論人によって異なってはいるであろうけれども、少なくも婦人が自由に配偶者を選択し得る社会、一人の男と一人の女とが相対の地位に於いて相結合し得る社会、婦人の仕事と性的生活家庭生活が確立し得る社会――そうした社会が来なければ、今日のオールドミスの這入るべき場所がない。

オールドミスの出現はそうした社会が来る迄の過渡的な出現で、それ等の婦人の現在の苦悩は、人類社会の発達途上に於けるいたましき、尊き犠牲である。

オールドミスは黴臭いどころか血の出るような生々しい人生の奮闘者である。

(『婦人公論』一九二六年七月)


房枝は、生涯独身を貫いた。四〇歳になるころまで、故郷の母は「誰かもらってくれる人はいないものか」と気をもんだという。女性が経済的に自立をして生涯ひとりで生きていく、あるいは男と女が「相対の地位」、つまり対等な関係にある人生の伴侶を得ての結婚――。当時こうしたライフコースを選ぶことは極めてむずかしかった。いや、いまでも女性が生涯に渡り、経済的に自立してひとり生きていくには正規の仕事を得ないとむずかしい。二〇二二年になり政府が出した目標のなかに「女性の経済的自立」という言葉が掲げられたのは、そうした現状の表れである。

名古屋新聞初の女性記者に、そして上京

二三歳を迎えた一九一六年(大正五)秋、体調に異変が起き、微熱が続くようになる。教鞭をとる傍ら、勉強会に講演にと飛び回り、身体を休める暇がほとんどない日が続いてい

た。自炊する時間もなく、食事はきしめんをかきこんですませることも多く、過労と栄養不足に陥っていた。加えて、同居していた弟が一五歳の若さで脚気により急逝したことも、精神的に大きな打撃となっていた。

医師の診断によると「肺尖《はいせん》カタル」で休養が必要だという。そこで学校を休職して、知多半島の先にある篠島で静養をすることにする。海がすぐ目の前の寺の観音堂の六畳間を借り、牛乳かわりの豆乳をのみ、浜辺で新鮮な魚を買い自炊して食べた。五カ月ほど休んで、完治したかどうかわからないまま名古屋に戻り、愛知県の学校にはあと一年の借りが残ったまま退職することとなった。

名古屋に戻って間もなく、以前通っていた「木曜会」のメンバーである名古屋新聞主筆の小林から「記者にならないか」と誘いを受ける。いつまでも遊んではいられないと入社を決めた。「新聞記者は、たかりかゆすり」と思われていた時代で、かつての教員仲間からは「だいじょうぶか」と心配されたという。給料は、教員時代の最後の月給一八円より下がり、一六円だった。

社会部で教育などを担当することになり、教員時代と同じくえび茶の袴をはき、弁当箱を下げて針屋町の本社に通った。日本で初めて開かれた小学校女教員大会に参加する教員を取材して、記事を書いたりした。女性団体もむろん市川の担当で、女性団体めぐりという連載を担当した。

新聞記者の仕事に手応えはあったが、かねてより東京に行き、大正デモクラシーの息吹に直接触れたいとうずうずしていた。実は教員時代も、東京の学校に移れないかと打診したこともあるが実現しなかった。東京で働く友人に、「何か仕事があったら紹介してくれ」と頼んでおいたところさっそく連絡がきて、自分の勤める株屋で事務員を募集しているという。新聞記者の仕事には一年で区切りをつけることにして、東京行きを決断した。

先述の米騒動の群衆にいきあったのは、東京行きの直前のこと。遠くロシアでは前年に「ロシア革命」が起き、日本でも労働者階級による運動が勢いを増し、階級、搾取、革命といった言葉が飛び交うようになっていた。

大きく社会が揺れ動くなか、房枝は再びひとり東京へ向かった。一九一八年（大正七）、二五歳の夏のことだった。

第2章

平塚らいてうと女性の参政権をめざす協会設立

エレン・ケイ『恋愛と結婚』、英語で読む

四谷南伊賀町（当時）にある炭屋の二階――、房枝が東京で初めて構えた住まいである。現在四ツ谷駅のあるお堀端からおよそ西へ徒歩一五分ほどの四谷三丁目あたり。四畳半の質素な部屋であったが、家賃は四円五〇銭ほどで当時としては高かったという。一九一八年（大正七）、房枝は二五歳を迎えていた。

部屋をみつけてくれたのは、兄が米国でお世話になった山田嘉吉《かきち》・わか夫妻。山田嘉吉は英語、フランス語、ドイツ語、ラテン語を操る語学の天才で私塾を開いていた。この山田私塾との出会いが、その後の人生を大きく左右することになる。

毎朝仕事に出かける前に、山田私塾で英語を学ぶことにする。いきなり教科書として手渡されたのが、スウェーデンの女性解放運動家エレン・ケイの『恋愛と結婚』の英語版。「一夫一婦制が、国民の生活力と教養のために欠くことのできない性生活形態であるという説には、正当な論拠がまったくない」など、当時としては異色の主張に対して排撃と絶賛の

両極の声があがる話題書だった。スウェーデンで初めて女性参政権を唱えた人でもあった。山田嘉吉はエレン・ケイの信奉者で、英訳本をすべて持っていたらしい。日本では、森鷗外らが早くから彼女の著作に注目して紹介しており、平塚らいてうはその思想に影響を受けたようで、『青鞜』に翻訳連載を試みたこともある。

『自伝』などをみる限り、房枝がエレン・ケイの思想から影響を受けた様子はうかがえないが、私塾での学びは途切れることなく続けた。『恋愛と結婚』は日本語の訳本でも四二〇頁を超える大著で、内容は抽象的でやや難解である。英文で読み進めるのには骨を折ったのではないか。市川房枝記念展示室には、房枝が学んだ濃茶の革装丁の英文書籍と表紙が擦り切れてボロボロになった辞書が残されている。

山田塾は当時、大正デモクラシーの風を起こすような知識人の集まる場であった。財界人、また無政府主義者の大杉栄、そして『青鞜』にかかわっていた「新しい女」などである。山田嘉吉が女性解放運動に関心を寄せており、妻わかが『青鞜』に寄稿していたこともあり、『青鞜』のメンバーが山田のもとを訪れていたのだ。

房枝はここで平塚らいてうに出会うことになる。きれいな人で着物を品よく着こなしている。声はききとれないほど小さく、もの静か。「これが新聞をにぎわせた、有名な平塚さんか。新しい女か――」と驚いたという。

山田家で紹介されたのは、やはり『青鞜』にかかわっていた画家で随筆家の富本一枝（筆名・尾竹紅吉《おたけべによし》）、不倫をテーマにした小説を著し発禁処分を受けた荒木郁子、元新聞記者の神近市子《かみちかいちこ》にも出会った。神近は大杉栄と正妻と伊藤野枝との四角関係となり刃傷沙汰を起こしたことで獄につながれ、出所して間もないころだ。

仕事のほうはというと、蛎殻《かきがら》町にある株屋の事務員である。顧客に送る日報の帯封書きと、電話の取次ぎに追われる毎日。電話の用件は「今日の寄り付きは……」「後場は……」といったもので、株取引の用語からしてさっぱりわからない。そのうちに、元教師だと知った経営者から「娘の家庭教師をしてほしい」と頼まれるようになる。月給一六円に昼食がつき、家庭教師代も入ってくるので生活に困ることはなかった。

ところが三カ月ほど後、会社が顧客の金を使い込んだらしく倒産してしまい、たちまち無職になってしまった。さあ、職探しである。教員時代から『読売新聞』の一ページ大の「婦人付録」を愛読しており、履歴書をもって読売新聞社を訪ねたが相手にしてもらえなかった。新聞広告をみて事務員の仕事に応募するも、なかなか採用されない。教師と新聞記者の職歴が壁になるのかと思い、今度は家庭教師の口を探して、なんとか食いつないだ。そのうち市ヶ谷の高台にある病院が発行している『食物と養生』という月刊誌の事務員兼編集者として採用され、一息ついた。とはいえ、金のないことに変わりはない。自炊が間にあわないとき市ヶ谷の一膳飯屋に入ったが、ご飯一杯三銭、味噌汁一杯二銭——壁に貼られた値段をみては、もう少し食べたいけど我慢しようと思ったこともたびたびあった。

労働組合「友愛会」の婦人部書記となる

名古屋時代に通っていたユニテリアン教会に、東京に移ってからも足を運んでいた。そこで、教会と同じ建物内にあった労働組合「友愛会」の婦人部の書記にならないかと声をかけられた。友愛会とは一九一二年（大正元）に発足した労働組合で、日本の労働運動の源流とされている。ここに新たに婦人部が立ちあげられたのだという。女性労働史で新しいページが開こうとする瞬間に立ち合うことになる。女性問題と労働問題というふたつのテーマがクロスしたときでもあった。

近代化を進める政府は殖産興業を掲げ、繊維産業の振興に力を入れていた。そのおもな労働力を女性が担うこととなり、工場で働く女性たちの数はふくらみ続けていた。そこで新たに起きた問題が、女性労働者の深夜労働であり、産前産後休暇の導入であった。

国際社会では第一次世界大戦の反省を踏まえて国際連盟が発足するにあたり、その中のひとつの重要な機関として国際労働機関（ＩＬＯ）の設立が決まった。政府と資本家と労働者、三者で労働問題を解決しようとするものだ。この第一回会議が米国ワシントンで開かれることになり、日本から女性の代表者を送り出す事務方として房枝がかかわることになる。女性労働が議題にある折には、女性の代表あるいは顧問を任命しないといけないという規約がＩＬＯにあったのだ。

政府代表は、慶應義塾の塾長の鎌田栄吉。顧問には、渋沢栄一の姪にあたる田中孝子がすでに決まっていた。田中は米スタンフォード大学で学んだだけあって英語が堪能であるものの、日本の女性の労働事情に明るくない。そこで田中に労働者の声を聞いてもらおうと房枝が企画したのが「婦人労働者大会」であった。

会場は、本所（現在の東京都墨田区）にある業平小学校の体育館。東京モスリン工場の女工など現役の労働者が演壇にあがった。なかには赤子を背中にくくりつけて話をするものもいた。むろん人前で話すなどみな生まれて初めてのこと。内容を事前に組合幹部に書いてもらい、暗誦したり、朗読したりであった。聴衆のなかには、田中孝子のほかに、平塚らいてう、伊藤野枝らの姿もあった。

このとき田中孝子は労働者の生の声にいたく感銘を受け、一九二〇年のワシントンの会議では女性労働者の実状を訴えた。日本の政府・資本家代表も女性の深夜業の禁止、産前産後休暇を設ける条約に賛成し、条約は採択された。このとき房枝は二〇代半ば過ぎ。日本と国際連盟で課題を共有し、国際的な条約を採択することで、日本を変えていく力とする。こうした社会変革の方法を、早くもこのとき学んだのではないか。序章でみたとおり、その六〇年近くのち晩年を迎えて国連の女性差別撤廃条約批准に向けて走りまわることになる。

ただしワシントン会議の前年に、房枝は友愛会婦人部を辞することになる。在籍期間は三カ月あまりだった。田中孝子の随員として、当時まだ二〇歳に満たない友愛会理事の山内《やまの うち》みなをＩＬＯ総会に送り込もうと動いたことで、組合本部と軋轢が生じて居づらくなったのだ。山内は宮城の小学校を卒業後、一二歳から東京モスリンの女工をしていた。労働組合の活動をしたのち、消費者運動を手がけ、戦後は衆院選に出馬したこともある。二人は進む道は違えど生涯の友となる。まだ一〇代であった山内に運動家としての才をこのころから見出していたのだろう。

実は政府顧問として渡米する田中孝子とは名古屋新聞時代から面識があった。そうした気安さも手伝って「田中の了解を得た」と、やや強引にことを進めたところもあったのかもしれない。組織人としては未熟であったのだろうが、労働現場で汗を流す女性の現状を政府に届ける、そして国際社会につなげるという視点を、二〇代半ばの若さで房枝がすでに持っていたことには注目したい。

平塚らいてうと「新婦人協会」を設立する

職を辞した市川に、待ってましたとばかりに、声をかけたのが平塚らいてうであった。「婦人の地位の向上を図る運動を起こしたいので、手伝ってほしい」

第一次世界大戦のあと、国際社会も日本も社会変革をめざしている。「まさにいま女性が変革に参加しなければ、これまで通りの男性中心の社会になってしまう」という。このころすでに平塚は『青鞜』の活動から離れており、当時の心境を自著でこう語っている。

『青鞜』運動の末期において私たちが突き当った壁――社会に、政治につながるところの堅い壁を打ち破るための、婦人の政治的、社会的な団体運動への衝動が、私の中にだんだんと抑えがたいものになってきました。（『わたくしの歩いた道』）

房枝はかねてより女性の地位向上のための運動を手がけたいと考えていたので、「喜んで協力します」と告げた。

ところで平塚はなぜ片腕として市川を指名したのだろう。話は相前後するが、房枝が上京してから一年ほど経ったころ、名古屋新聞で世話になった主筆の小林橘川から、名古屋で夏期婦人講習会をしたいので、平塚らいてう、山田わかの両氏を紹介してほしいという話があり、案内役を務めることになった。

一九一九年（大正八）夏、主催は名古屋新聞社と中京婦人会、会費は五〇銭で約五〇〇人の女性が集まった。山田わかは「母性保護問題」について講演、平塚らいてうの話は簡単なもので、低い声でよく聞きとれなかった。当時はまだ講演に不慣れであったようだ。その他の講師は、先述の田中孝子、クリスチャンであり労働運動、社会運動を率いた賀川豊彦、女子教育の先駆者である市川源三と時の人ばかりであった。

講演のあと、平塚が『国民新聞』に織物工場における女性労働者の視察記を書くことになっており、市川が案内役を務めた。尾西地方の一宮、三河・岡崎の工場を歩いて、矢作川畔の旅館で一泊した。月見草の咲く川べりを一緒に歩いてさまざま語り合った。このとき、平塚は自分にない才能を市川に見出したようだ。

私は、名古屋の工場めぐりで道案内に立ってくれた市川房枝さんに着目しました。市川さんはその頃、二十三、四の若さで労働問題、婦人問題にとくに興味をもっていることが、起居を共にした旅先でもわかっていましたし、この人のような事務的才能のある実際家肌の婦人をぜひ片腕に欲しいものと考えたからでした。また一つには、市川さんが仕事を探していること、何かよい仕事があれば紹介してあげてほしいと、おわかさん（筆者注・山田わか）から前に頼まれていたことなどもあってのことでした。

（『前掲書』）

平塚は大きな構想を描いて、心を捉える言葉を紡ぐ才に長けている。しかし、事務方を務める実務となると心もとない。そこで市川を片腕にほしいと考えたのだ。

治安警察法の改正を主眼に

同年一一月、房枝の住まいで二人はちゃぶ台を囲んで、さっそく構想を練った。例の炭屋の二階にある、すすけた四畳半である。そのとき平塚が「婦人会館をつくりたい」と建物の青写真まで用意してきたのには驚いた。一銭の金も集まっていないのに、どうしてそんなことが実現しよう。

まずは雑誌をつくりたいという平塚の提案を受けて動き始めたが、これにも経費と時間がかかる。そこで運動の目的や計画を発表し、具体的な運動に着手することで話がまとまった。一般誌を発行して広く賛同者を募りたいという平塚、あくまで活動を報告する機関誌としたほうがいいという市川。運動の出だしからして、観念的な平塚、実務家の市川という対比が際立つものであった。話し合いの末、機関誌として活動報告を出すことでまとまった。

まず手がける運動として絞りこんだのはふたつ。ひとつは治安警察法第五条の改正、もうひとつは花柳病男子の結婚制限に関するもので、いずれも署名を集めて法改正をめざして議会に請願として提出することにした。

当時女性には選挙権も被選挙権もなく、それどころか治安警察法で、女性が政治の演説を聞いたり会合を主催したりすること、また政治結社に加入することすら禁じられていた。

女性ができる政治活動といえば、法改正をもとめて「請願」を議会に出すことくらいしかなかった。そこで、女性の政治参加を可能にするよう治安警察法の改正を求める請願を出そうというのだ。当時の治安警察法第五条とは、次のようなものである。

治安警察法　第五条
第一項　左に掲ぐる者は政事上の結社に加入することを得ず
一、現役及召集中の予備後備の陸海軍軍人
二、警察官
三、神官神職僧侶其の他諸宗教師
四、官立公立私立学校の教員学生生徒
五、女子
六、未成年者
七、公権剝奪及停止中の者
第二項　女子及び未成年者は公衆を会同する政談集会に会同しもしくは其の発起人たることを得ず

もうひとつの花柳病男子の結婚制限に関する請願とは、花柳病（性病）にかかっている男性の結婚を禁止する法律を制定してほしいというものだ。結婚して夫から花柳病をうつされたうえ離婚されてしまう女性が多いと平塚が親しい女医から聞いたことによるという。

今日では、この提案を奇異に感じる人も多いだろう。平塚の意図するところは、性道徳の男女のダブルスタンダードを問うことであった。女性には「貞操」が求められる一方、男性には放逸な性が許されていた。そうしたなかで、夫から性病を移されて離縁されても文句はいえない。結婚相手を決定する権限は「家長」にあり、女性にはなかったからだ。花柳病男子の結婚制限を求める請願とは、女性に性と結婚の自己決定を取り戻すためのもの、「家制度」からの解放の一歩を目指すものだったのだ。

フェミニズムの視点からはこうした意義を見出すこともできるが、近年になり平塚の主張は優性思想につながるとの批判も出ている。当時から、与謝野晶子などは、強い反対の意を表明していた。他の伝染病を除いてなぜ花柳病にしぼったのか、なぜ男性だけなのか、恋愛結婚の主張と矛盾するのではないか、といった反対だ。これに対して平塚は『中央公論』で反論し、他の論客ら男女交えてオピニオン誌を中心に論戦が交わされた。けっきょく議会でこの請願が受け付けられることはなかったが、性のダブルスタンダードに関して世論を喚起した意味はあったといえそうだ。

市川自身ははじめ花柳病が何かもよく知らず乗り気ではなかったが、ノルウェーやフィンランドに類似の法令があると聞いて調べたり、賛同してくれる医師を探して歩いたりした。平塚の考え方にも必ずしも賛同していなかったが、このころはまだ正面から議論するだけの理論を持ちあわせていなかった。

高知の「民権ばあさん」、女性の選挙権を求める

もうひとつの治安警察法を改正する請願とは、女性の手に政治活動の権利を「取り戻す」ことであった。

明治維新以降、自由民権運動のなか男女平等の思想がめばえ、女性の参政権運動に旗を掲げる者もいた。一八八九年(明治二二)まで女性の政治活動は禁止されていなかったのだ。

運動を始めたひとりとして知られるのが、高知の「民権ばあさん」楠瀬喜多《くすのせきた》。自由民権運動が盛んであった高知で生まれた運動家である。土佐藩士だった夫と死別した楠瀬は戸主となり地元の選挙に赴くが、選挙権がないと断られる。「男性と同じく税金を納めているのに、女性というだけで選挙権がないのはおかしい」と訴えたという。ちょうどそのころ、自由民権運動に参加した植木枝盛《うえきえもり》が郷里土佐に戻り、『土陽新聞』に女性の権利、女性参政論を展開していた。こうしたうねりを受けて、地元議会が動いた。一八八〇年、土佐国土佐郡上町町会は全国にさきがけて女性参政権を認めている。一八八三年には宮城県

仙台で、成田うめが「仙台女子自由党」を結成した。全国的に同様の動きがあったといわれている。

自由民権時代の女性運動家としては、岸田俊子（中島湘煙《しょうえん》）と、福田英子（旧姓影山）の二人が知られている。京都に生まれた岸田は一六歳の若さで宮中に出仕し皇后に漢学を進講。二年で辞したのち、男性政客とともに政談演説会で全国を遊説して回り、その若さと美貌と切れ味のいい弁舌で多くの女性を魅了し、新聞各紙でも取りあげられた。しかし一八八三年、集会条例違反で逮捕され、わずか一年数カ月で活動は終わりを告げた。のち民権派の中島信行男爵と結婚した俊子は、女学校で教鞭をとりつつ中島湘煙の名で雑誌への投稿を続けた。

岸田の講演に感銘をうけて政治の世界に飛び込んだのが、福田英子である。岡山での講演会に参加したことをきっかけに女子懇談会を組織、民権運動を始める。「東洋のジャンヌダルクになりたい」といって憚らない情熱家だった。朝鮮改革運動にも参加して逮捕され、福田は英雄視されるようになる。

ところが大日本帝国憲法（明治憲法）が発布された翌年の一八九〇年、女性の政治活動が全面的に禁止される。そのあたりの背景は、第一章で述べたとおりである。その後、女性は妻・母として家庭を守る役割が第一とする良妻賢母教育が浸透していく。

女性の政治活動禁止に対する反発が強まったのが、日露戦争が始まった一九〇〇年代なかばごろ、社会主義が日本に広まり始めてからだ。運動の中心となったのは、平民社をつくり『平民新聞』を出していた社会主義活動家・堺利彦の妻、堺為子《ためこ》。

房枝は、生前の堺為子に会い尋ねたことがある。

「どうして（婦人参政権獲得の）運動をしたのですか」

堺為子が社会主義の演説会に参加したときのこと。女性はみなつまみだされて、暗い廊下に追いやられた。そのとき、女性の政治参加を禁じる治安警察法の改正運動を手がけることを決意したという。

堺為子らが中心となり「請願委員会」をつくり、五〇〇人前後の署名を集めて改正法案の請願を出したものの、通らなかった。活動は数年続いたのち次第にしぼんでいき、最後に残ったのは、遠藤清子ただひとりだった。

遠藤清子は小説家・岩井泡鳴《いわいほうめい》の元妻で、『青鞜』のメンバーでもあった。子をもうけたのちに泡鳴が愛人をつくり家を出たため同居を求めて裁判を起こす。その後離婚し一〇歳年下の画家志望の若者と同居し出産、その半年後に三八歳で病死。波乱に富んだ人生を送った人である。執筆活動の傍ら政治運動にも心血を注いだ。治安警察法第五条の改正を求めて最後のひとりとなっても、胸に白い薔薇をつけて議会に通った。

遠藤清子は平塚の友人でもあり、市川はともに遠藤のもとを訪ねている。治安警察法に話がおよぶと「これがストップしているけどあなた方に続けてやってほしい」という。

女性の地位向上といっても、これにまつわる分野は幅広い。教育、家族のありかた、職場環境、政治と社会のあらゆる分野にかかわる。平塚は当初、幅広い分野で女性の地位向上運動を考えていたというが、このなかから二人が「まずは女性が政治参加をする権利の獲得」に絞ろうと決めたのは、「遠藤の言葉がきっかけではなかったかと思う」と市川自身語っている（「政治談話」国立国会図書館）。のちに協会を立ちあげてから一回目の講演会では、演者に遠藤清子の姿もあった。ねずみ色の小紋ちりめんの紋付二枚重ねに厚い丸帯を胸高く締め、よく通る歯切れのよい声で話をした。翌年、持病の胆石の病が悪化して急逝。途切れかかっていた女性参政権運動のバトンを、市川らがしっかりと引き継いでいくことになる。

平塚らいてうの知名度

一九一九年（大正八）秋深まるころ、平塚と市川は運動を始める。ここから市川は渡米するまでの一年八カ月ほど、寸時も休むことなく活動を続けた。傍らの平塚が「よく体が続くものだ、あの人の体はいったい何でできているのだろうと時々思うほど、よく動きつづけた」と語るほどであった（『わたくしの歩いた道』）。

運動は二人だけでは回らないと、平塚の母校日本女子大学で一回り後輩となる奥むめおの参加もあおいだ。奥むめおは労働雑誌の記者をしており、工場に潜入しての女工レポートを著して注目されつつあった。協会の参加当初は第一子妊娠中で、立ちあげ時の膨大な事務にはさほど参加できなかったが、のち赤子をおぶった子持ちの運動家として知られるようになる。

団体名は、市川が英国の文献などもあたり「新婦人協会」と命名。平塚が趣意書、議会への請願書の文案を作成した。活動を世に知らしめるにあたり、すでに著名人であった平塚の知名度が効いた。大阪朝日が開く全関西婦人大会の講演に招かれた平塚は「婦人の団結を望む」と題して講演をし、市川が急いで印刷した趣意書を出席者に配った。東京に戻った二人は新聞発表もする。当時はテレビもラジオもなく、新聞は広く世に知らしめる最大のメディアであった。

「平塚明子さんが先に立って新婦人協会を起す　婦人の教化を目的とし共同の寄宿所を建て身の上も引受く」(『読売新聞』一九一九年一一月二〇日)

「平塚雷鳥女史が結婚法を議会へ　血液検査の請願提出　女子が政治の結社へ加入も出来るやうに」(『東京朝日新聞』一九一九年一一月二二日)

発表時点では運動内容が絞り切れていなかったことがうかがえるが、おおむね新聞各紙は好意的な見出しである。平塚は「『青鞜』のときとはうってかわって、まともなものでした」と語る（『前掲書』）。『青鞜』の「新しい女」はメディアから多くの誹謗中傷を受けたが、このころになると女性運動に関する意識も高まりつつあり、新聞各紙はその後も協会の動向を伝えるようになる。平塚の知名度を生かして新聞に取りあげてもらうことで、会の認知度を高めようという運動方針が功を奏したことがわかる。

男女左右問わず、賛同者が現れる

新聞発表を嚆矢《こうし》として二人は本格的に動き始める。知人先輩に書面を出して賛同者を募りつつ、文化人や研究者らを訪ね歩いて知識層にも支持を広げていった。神戸では賀川豊彦を訪ね、名古屋新聞主筆の小川橘川のもとにも足を運んだ。議会に出す請願書の案文については、東京帝国大学教授の穂積重遠《ほづみしげとお》、弁護士の平山六之助などに法律面から助言をあおいだ。市川はのちに規約を定める際には、平塚はじめ「新しい女」をかねてより評価していた作家の森鷗外を自宅まで訪ねて、案文の添削をしてもらっている。

この人はと思って訪ねた知識人から、一笑に付されたこともある。早稲田大学教授でユニテリアン教会の牧師であった内ケ崎作三郎《うちがさきさくさぶろう》からは「（こんな活動）よすように」といわれ、医師で教育者の吉岡弥生（東京女子医大創設者）からは「（活動を）こんなに並べ立てて一体金はあるのですか」とあきれられた。歌人の与謝野晶子は協会の趣旨に賛同する旨をいち早く発表するものの、花柳病に関する請願については先述のように反対した。

それでも二人はひるまなかった。議会へ働きかける方法がわからないと、神近市子の紹介により衆議院議員の富田幸次郎（憲政会）を訪ねて手続きを指南してもらい、紹介された議員を片端から訪ねた。

なかには、「(政党）幹部のなかには傍聴だけにさえ反対の人もあります。いままで婦人に関しては一度も考えたことがなかったので、これを機会に婦人の政治法律上における地位を調査します」という議員もいた。

「一度も考えたことがなかった」とは正直なところだろう。大正デモクラシーの高揚期でもあり賛同者は何人か現れた。しかし、法案の提出者になってほしいと頼むと難色を示す。「矢面に立つのは冷やかされるのでご免こうむる」「女に甘いように思われるからいやだ」というのだ。議員たちはまた「院外でおおいに気勢を上げることですね。あなたがたも示威運動でおやりになったらどうですか。外からの刺激も必要です」という。

当時は選挙権を富裕層の男性に限らず、あまねくすべての男性に与えるべきだという「普通選挙」を求める、いわゆる「普選」運動が盛りあがっていた。連日のように、普選運動家らが芝公園や二重橋界隈に集まってシュプレヒコールをあげ、大臣や議員らに面会を迫っていた。運動の対象はあくまでも男性に対する「普選」であり、そのなかに女性の選挙権は含まれていない。

一方、市川らは数人で不慣れな議員まわりを続けつつ、議会への請願書の提出を続けていた。新婦人協会は男性あまねく参政権を得るべきだ、男女問わず普通選挙を行うべきだという考えであり、のちに女性の政治活動解禁のみならず「普選」の請願を国会に提出している。

とはいえ、男子の「普選」に比べると、女性の社会参加に対する世の関心は高くない。そこで機運を盛りあげることも確かに必要だろうと、一九二〇年（大正九）二月に、神田のＹＭＣＡ会館で演説会を開く。聴衆約五〇〇人を集める盛況で、うち七割を男性が占めていた。実はこれこそ女性の政治的集会開催・参加を禁じる治警法五条第二項に違反するものであり、神田錦町警察署から来た警官に注意を受けたが、なぜか無事に終了した。

続く三月末、上野精養軒の広間で設立総会といえる発会式を開いているが、ここでも出席者七〇人中、男性が二〇人を占めている。肩書きをみると貴族院議員、早稲田大学教授、弁護士、作家、読売新聞幹部、婦人公論編集長、実業家、平凡社社長など、保守派から社会主義者までさまざまな顔ぶれである。女性問題に関心のある人なら、思想上の立場を問わず連携して社会を変えていこうという、市川の運動の原点が垣間見える。

議会傍聴席を埋めた、一〇〇人の女性たち

一九二〇年七月、衆議院の傍聴席は一〇〇人の女性たちで埋め尽くされた。議員席を埋める黒一色の男性議員に対して、真剣なまなざしを注ぐ女性たちの顔――。これまで一度も使われることのなかった議長席の後方にある傍聴席を、平塚と市川が奔走して女性のために特別に開放させたのだ。

午後一時、振り鈴が鳴らされ、議員らは着席した。議長の「説明者、田淵豊吉《たぶちとよきち》君」という呼びかけに応じて登壇したフロックコート姿の田淵議員を、女たちは息をのんでみつめた。新婦人協会の賛同者である田淵議員は「治安警察法中改正案」について、四〇分にも渡り腹に力をこめて滔々と述べた。海外の視察帰りらしく、日本の女性の現状を米、英、独、仏の状況と比較、派手さはないものの線の太い語りようであった。日本の男子にも（納税額にかかわらず）普通選挙を断行せよ、それと同時に女子にも政治上の集会並びに結社の自由を与えられたい、女子の人格と自由を認めるべきである、といった内容であった。

早大雄弁会の第一人者であったというだけの説得力で、議場は思いのほか静粛であった。女性の傍聴者のなかには、禁を忘れて拍手する者もいた。最後に政府側答弁として「宜しい、社会は進歩しました。解禁は必要と認めます……」との言葉を引き出す。政府が治警法の「女子及」の削除に言及したのは、これが初めてであった。しかし、このあと貴族院

で審議がなされず、不成立に終わった。同年二月の議会に続いて、持ち越しとなる。一方の花柳病の結婚取締は「女尊男卑の欧米諸国ならいいが、男尊女卑の家族制度の我国には適しない」という理由により、この七月議会で「否決」となった。

治警法改正で小さいながら歩を進めたのは、平塚、市川の奔走があったのはいうまでもない。議員の間に田淵議員ら賛同者を広げた。同時に、設立からわずか数カ月で、治安警察法改正、花柳病に関する請願書にそれぞれ全国から二〇〇〇人を超す署名を集めている。インターネットの浸透したいま、万単位のネット署名を数週間で集める団体もある。しかし、すべてが郵便物に頼らざるをえなかった当時においては、平塚と市川も驚くほどの数であった。

請願書は、住所、職業、年齢、氏名を記入したうえで捺印するという念入りのもので、衆議院、貴族院双方宛の用紙を印刷して、全国の女性団体、女学校、そして平塚の出身校である日本女子大の同窓会、桜楓会《おうふうかい》の本部・支部、日本基督教婦人矯風会の本部・支部などを中心に発送した。請願に協力的だったのは、日本基督教婦人矯風会であったという。一方、桜楓会は森田草平との心中未遂事件で平塚を卒業生名簿から除名しており、請願に協力しないよう通達を出したとのことで、ほとんど返信がなかった。当時の女子教育の規範がうかがい知れる。

会の趣旨に賛同して会員となった女性は、『青鞜』の時と同じく、中産階級の女性らが中心だったが、時代の変化を映して教師、新聞記者といった「職業婦人」の姿も目立つ。「女性の歴史研究会」の調べによると、『青鞜』は五年ほど続き、寄稿者を含め携っていた人は約二〇〇人であった。これに対して約三年に渡り活動した新婦人協会の関係者は、女性五〇〇人弱、男性一五〇人弱だという。大正デモクラシーの盛りあがるなか、少しずつ賛同の輪が広がっていったようだ。

政治集会にしのびこみ、警察に呼び出される

平塚も市川も、女性参政権の獲得を目指してギリギリのところを攻めた。第一回講演会の開催は無事にすり抜けることができたが、警察に何度も呼び出されている。一九二〇年三月、東京・神田のＹＭＣＡ会館で「思想家の時局観」なる演説会が開かれ、そこに「潜入」したときも警察からつまみ出された上に「聴取」を受けている。

演説会「思想家の時局観」は、「平民宰相」と呼ばれた総理の原敬が「普通選挙は危険思想なり」として突如議会の解散を宣言したことに抗議をしてのもの。講演者は、新婦人協会を支援してくれている読売新聞社の大庭《おおば》柯公《かこう》、早稲田大学教授の大山郁夫などで、平塚も市川もぜひとも聞いておきたいと思った。

そこで、治安警察法により女性の参加は禁じられていることを承知のうえで、平塚と市

川はもうひとりの仲間と参加することにした。開演二時間ほど前に事務所に行って事情を話して入室させてもらい、三階の最後列に席をとり開始を待った。始まって三〇分ほど経ったところで警官にみつかり「ここは女の来るところではない、出ろ」とつまみ出された。退出した三人が弁士控室に向かったところ「ここで聞きなさい」と招き入れてくれ、大火鉢にあたりながら、演壇袖の特等席で最後まで聞くことができた。

その日、市川が平塚の家に泊めてもらったところ、翌朝警官が訪ねてきて「朝八時までに神田錦警察署に出頭すべし」という。市川がひとりで出かけると、詰問された。

「女は参加できないと知っていたのか」

「知っていました」

「知っていながらなぜ参加した？」

「私どもは何も悪いことはしていない。女だから参加してはいけないというのは時代遅れの法律だから守らなくてもいいと思いました」

「『法は悪法にても法なり』。それを守らないということは国家秩序を守らないということになる」

「国家秩序を乱すつもりはありませんでした」

こう弁明したが調書に爪印を押すことになり「検事局に書類送検する」とされて、その日は放免となった。翌月、今度は検事局から呼び出され、平塚とともに聴取を受けた。知り合いの弁護士にも相談しており、正式な裁判となったら闘おうと身構えていたところ「微罪のため不起訴」となり拍子抜けしたという。

「女性に政治活動を許すことは、国体に反する」

変化の矛先にあった新婦人協会は、当然ながら保守層からは批判を浴びる。反対に回った議員の発言から、当時の意識がみてとれる。一九二一年（大正一〇）三月末貴族院の議会で、ある男爵議員はボソボソとした声で、こんな反対意見を述べた。

「古来の良妻賢母主義に反する。白粉を塗る人が間違えてカマドの灰を塗ったり鍋ずみを塗ったりする心配がある」

これに対して、賛成派の鎌田栄吉議員が発言。

「五大国の一たる日本に限って（女性の政治参加が）禁じられていることがいかにも立国上、また国の体面上到底しのぶことができない」

このあと、公正会の有力議員である藤村義朗男爵がやおら立ちあがった。

「婦人自らが政治運動をなさるというが如きことは甚だ面白くない。

第一それは生理的から申しましても心理的から申しましても、自然の理法に反している。次には女子の本分使命という――殊にこの政治上の運動を男子と共に彼是活動するということは、女子の本分ではない。女子の本分は家庭にある。教育乃至社会的事業にあると思うのです。（中略）

これは我国固有の伝説、習慣、及び歴史に背いているものと思う。次にこの女子に政治的の運動を許すということは、我国の社会組織の基礎である所の家族制度に反していると思う。（中略）

貴族院が之を許しますということは、我国体に反していると思う」

これはまさに、特性論、役割論により、女性を政治という公領域から排除しようという意見である。このあと、起立少数として治安警察法の改正案は否決された。傍聴席にいた市川らが悔しがったのはいうまでもない。

明治憲法のもと帝国議会は衆議院と貴族院の二院制であった。選挙により議員が選ばれる衆議院に対し、貴族院は皇族や華族、また明治維新に功績があった士族で華族の称号を得た議員により終身あるいは互選である。自由民権運動や先進的な法案に対しては、貴族院は保守的な議員が多かった。貴族院の議員の間で治警法改正の理解を得るのはむずかしかった。

批判は、保守派からだけではない。左派・社会主義者からも矢が飛んできた。その中心となったのが、一九二〇年に発足した日本初の社会主義女性団体「赤瀾会《せきらんかい》」結成人の山川菊栄だった。山川は、新婦人協会の綱領である「男女の機会均等」「婦人および子どもの権利伸長」は、赤瀾会の目的と一致するという。しかし、こう批判する。

「社会主義国家を成立させれば、男女の機会均等は実現するはずである。政治信条の右も左もなく議員らに働きかけるのは無節操であり、思想が幼稚であるうえに方法が醜悪だ」

市川は後年、山川の説を理論的には一応認めるが、現実問題として法改正となると議員に働きかけるのは当然であるとして「私は非常に現実主義者である」と述べている（「政治談話」）。

「洋装姿」が珍しい

一九二〇年七月二〇日付け『東京朝日』に、議員と打ち合わせをする洋装の平塚と市川が笑顔で収まる写真がある。汗ばむ季節のこと、ふたりはいずれも洒落たブラウスに、黒い長めの丈のスカート、そして帽子をかぶっている。いまでは当たり前の姿かもしれないが、当時は道行く女性はひとり残らず和装の時代、二人が街を歩いているとみな振り返った。その「珍しい姿」が新聞記者の目に留まり、写真を撮られて紙面に掲載されたのである。

協会を設立して以来、平塚と市川は朝に夕にと議員の自宅を訪ね、議会にも足しげく通った。議会に行くと、和装の二人は下駄を脱いで足袋であがらなくてはいけない。これでは不便だと、相談して平塚の姉の洋裁の先生に洋服を仕立ててもらった。はじめの一着は、紺のサージのスーツ、ふたりお揃いはなかろうと少しデザインを変えて誂えてもらった。

大正末期から昭和にかけて和服から洋装に切り替えて街を闊歩したモダンガール、略してモガが話題になったが、その先駆けともいえそうだ。あくまで合理性から洋装にしたわけだが、戦前の写真をみると和服姿の女性たちのなか、平塚と市川のみ洋装に帽子というなりで、その姿は際立っている。何につけても時代の先端にあったということだろう。

優雅にみえるいでたちだったが、財布事情は火の車だった。市川は当時田端に近い上野不忍池に面した小さなアパートの四畳半に越していた。協会から活動費として月二〇円前後もらっていたような記憶がおぼろげにある。財布のなかに一文もなくなり、事務所にときどき手伝いにきてくれていた苦学生から質屋の通帳を借りて金を借りたこともあった。どうしても苦しくなると、新聞記者の兄や教師をしていた次姉に経済的支援をあおいだ。最後には、兄の家に居候をすることになってしまった。

協会の活動もまた、やりくりが大変であった。当初事務所は田端の平塚の自宅においた。平塚の母がらいてうの結婚資金にと用意しておいた金で『青鞜』の創刊費用を出したわけだが、そのあまりで田端に庭付き一軒家を買い与えたのだ。のちに協会は貴族院近くの内幸町に事務所を借りる。支出は、議会活動費、講演会や総会費用、機関誌『女性同盟』の印刷費、会員通信費などかさむばかりであった。

　収入は、おもに会員の会費、寄付金、チャリティ音楽会の収入など。当時は女性に「財産権」はなく、寄付はおもに財界人や文化人、教育者として成功した男性からが頼みである。発足時に有島武郎や賀川豊彦らから約一〇〇〇円の寄付があったものの赤字続きで、歌舞伎座や明治座の切符販売を仲介したり、石鹼や歯磨きを販売したりもした。

　資金集めは、平塚が中心になっていた。知名度が高く富裕層の人脈がある平塚が頼りの綱であった。「らいてう

1921年新婦人協会第1回の総会、いちばん右側が市川

さんを連れて頂だいよ。すぐ小切手書くわ」という人もいれば、事務所に馬車で乗り付けて「らいてうに」と寄付金を渡した篤志家もいるという。

とはいえ寄付金集めはままならず、らいてうは私生活でもまた経済的に追いつめられていく。協会の仕事で多忙を極め執筆がままならず、画家である伴侶の奥村は絵を売りたがらず、収入が途絶えがち。協会の運営費用を捻出するため高利の借金にも手を出し、とうとう田端の家屋敷も人手に渡ることになったと『わたくしの歩いた道』に綴っている。

協会を離れたのち、改正案が通る

要である法改正に向けての議会への請願は、どうなったか。花柳病の結婚規制については、一九二一年（大正一〇）二月に再び「不採択」となり、三回に渡る請願に終止符を打った。もうひとつの治安警察法第五条改正については、三回の請願で衆議院可決、貴族院否決というところまで歩を進め、根強い反対のあった貴族院対策として改正案は、治安警察法五条第二項から「女子及」を削除することのみに絞って四度目の挑戦として再提出。一九二二年三月、宿願の治安警察法改正案が、衆議院そして貴族院で可決された。多少の妥協はあったものの、三〇年に及ぶ先輩たちの活動を引き継いで一歩前進したことになる。改正法が施行された直後、『東京朝日』（一九二二年五月一五日）はこう報じている。

新婦人協会の幹部連が俄《にわか》仕込みの新しい洋装甲斐々々しく、議会までおし廻《まわ》って三年前から治安警察法第五条改正の運動に悪戦を重ねた結果は見事に大願成就となって（中略）愈々《いよいよ》この十日から男女平等に政談をきき政論をなすの自由と権利を得た。

相変わらず女性を揶揄しながらも、その成果は認めている。しかし、この時すでに市川は協会から去って渡米しており、平塚もまた体調不良で会の活動から離れている。改正法が成立した三月二五日午後一一時五〇分、議会傍聴席で見守ったのは協会のメンバー三人のみであった。

市川が協会役員を辞任したのは、前年の六月のこと。議員や議会回りに奔走し、協会の事務実務、そして機関誌『女性同盟』の編集も一手に引き受けていて身体が悲鳴をあげていた。加えて、平塚との間に不協和音も生じていた。治安警察法の改正は衆議院を通した実績があったため、間もなく成立するであろうという見込みもあった。そこでいったん会役員を退いて、かねてより憧れていた米国で学ぶことを決意したのだ。読売新聞外報部記者として働く兄の助言、そして読売新聞社の大庭柯公の後押しもあり、読売新聞特派員として渡米することが決まった。渡航費用は兄が五〇〇円を用意してくれ、会員有志と会からも餞別一〇〇円が贈られた。

会の創始者である平塚は体調を崩して、千葉そして那須で家族とともに静養するようになり、市川が去ってまもなく活動から遠ざかる。

米国に渡った市川は、仲間たちが活動を続け、治安警察法第五条二項が改正されたというニュースをうれしく聞いた。間もなく、平塚からの申し出により新婦人協会は解散したことを知る。同じころ『婦人公論』誌上で、平塚が新婦人協会の振り返りをしながら市川批判を展開していると耳にした。

米国でその記事を目にすることがないまま、帰国後もしばらく平塚と連絡をとることもなかった。およそ五〇年の月日が流れ平塚が鬼籍に入ったのち新婦人協会の記録と総括の記事を書くにあたり、『婦人公論』の市川批判の記事を初めて目にして、数日考えこんでしまったという。たしかに理論派の平塚と実務派の市川は正反対であったが、補い合うふたりがいたからこそ協会は立ちあがり、世の意識を喚起することができた。しかし、経済難や人手不足などにより、二人の心身の疲労は極限に達し次第に溝が深まっていった。

「武士の娘」と「農家の娘」――平塚と市川の間には、埋めがたい価値観の差があったのは確かだろう。平塚の祖父は紀州藩士出身で明治維新後に上京し、父は会計検査院の官僚となった。母は田安徳川家の御典医の娘である。かたや市川は、一章で述べたとおり農家の娘である。新婦人協会の経済状況が逼迫するなかで、経済感覚や生活感覚の違いが次第に浮きあがっていった。

平塚・市川の不仲説が、新婦人協会の運動意義を貶めたとしたら、それはフェアな評価ではないだろう。途切れかかっていた女性参政権の活動の糸を、法改正により確かな糸へと紡いだ実績は評価されてしかるべきではないか。平塚・市川のふたりにとっても、短いながら新婦人協会での活動は、人生において大きな節目となるものだった。

平塚の女性史に刻まれる言説として、『青鞜』巻頭言の「元始女性は太陽であった」が必ずといっていいほど引かれるが、平塚の自伝によると、新婦人協会の立ちあげ宣言文はこれと対照されるべきものだという。女性の自我の目覚め、女性がひとりの人間として自分の足で立ち認められることを青鞜で目指すも、その背景にある社会基盤を変えないことには目指す世界に到達できない、そうした止むに止まれぬ思いから始めた活動であった。

なぜなら女性それ自身であるべきものを、女性としての特徴をいっそう鮮明にし、その意義と価値とを認めしめ、さらに女性としての特権をあわせて主張すべきであるのに、また今日のもしくは在来の男性中心の社会が婦人が女性としての心を保持し、女性としての生活をなすに最も不都合なものだとすればこれを婦人自身の本能により、思想によって改造すべきであるのに、むしろその反対に女性たるいっさいを自から好んで放棄し、男性の見地に自身をおきかえることによって男子とともに、男子と同じような生活と仕事をなし、かくして彼らおよび彼らの社会から人間としての尊敬を受けようとすることは、これ明らかに女性が男性に降服し、男性と男性の手になれる社会と、その社会におけるいっさいの価値判断とを――一口に言えば今日の男性文化のすべてを是認したことだといわねばなりませんから（中略）。以上において私は女性としての立場からの社会改造を、婦人自身のため、家庭のため、子供のため、種族のための必要としてのみ多く論じました。しかしそれはいうまでもなく社会それ自身のためにもまた必要であります。

（「社会改造に対する婦人の使命――『女性同盟』創刊の辞に代て」『女性同盟』一九二〇年一〇月）

市川にとっては、協会は平塚主導のものであり、実務面で支える役割であった。「田舎から上京してまだ数年の私」と、「すでに著名人であった平塚」とを市川自らよく比較していたが、実際に思想、論戦では当時はまだかなわなかった。しかし、文化人・知識人の人脈がある平塚のお陰で知識階級とのつながりができ、世論形成につなげる戦略を体得し、さらには議員への働きかけで社会を動かす術を学んだ三年間だったのではないか。

こうした糧をもとに、戦前、戦後五〇年以上の運動を続けていく。

第3章 アメリカへ渡る

いよいよアメリカへ

一九二一年（大正一〇）七月二九日。

鹿島丸は、ぼうっと汽笛を大きく鳴らして、横浜埠頭を離れた。見送る人のなかには、故郷からわざわざ見送りにきた父、何かと世話になった兄、そして平塚らいてうの姿もあった。見送りにきた家族とともに撮った写真をみると、父親はどことなくうれしそうな表情に見える。息子に続いて娘もまた米国で学ぶことになったことを、誇らしく思う気持ちがあったのではないか。

房枝にとっては、初めてみる太平洋、ときには鯨が姿を現し潮を吹く。東京での憂鬱はいっぺんに吹き飛んでしまった。

訪米の目的は、現地で働きながら、労働運動や女性運動の現状を学ぶことであった。米国では前年の一九二〇年に女性参政権が実現していた。その実現に向けての運動やその後について、自分の目で確かめたいという思いが強かった。

海外に目を向けると、欧米では一九世紀末から二〇世紀初頭にかけて女性参政権を求める運動が盛んになった。いわゆる第一次フェミニズム運動だ。房枝が渡米したころ、女性参政権はすでに各国の国政レベルで認められていた。まずは英国植民地諸国に始まり、これに北欧諸国、欧米各国が続いた。

世界で最初に女性参政権が実現したのはニュージーランド、一八九三年である。続いて一九〇二年にオーストラリア。欧州でもっとも早かったのが一九〇六年のフィンランド。一九一〇年代に入るとノルウェー、デンマーク、ソビエト連邦と続く。第一次大戦後には、欧米諸国でも実現する。一九一八年英国（資産や属性の制限付き）、一九一九年ドイツ、一九二〇年米国などだ。各国で異なる導入の背景は、第四章でみていきたい。女性参政権が早くに実現した国は、二〇〇〇年代に入って世界経済フォーラムが発表するようになった「ジェンダー・ギャップ」指数で、格差の少ない先進国に名を連ねていることがわかる。房枝は新婦人協会の講演会で、フィンランドの様子を聞いて目を丸くしたことがある。こうした話も聞いて、海外の動きに学びたいという気持ちが強まっていったのだろう。

さて航海は北回りのため、船上では外套を着るほど寒かった。出航して一五日目の八月一三日、アメリカ太平洋岸の北部、カナダ国境にほど近いシアトルに到着し、同地で雑貨商を営む妹、清子の家に身を寄せた。

現地に着くと、驚いたことに日本人社会のなかで、新婦人協会での市川の活動がよく知られており、さっそく現地の日本語新聞からインタビューを受けた。「日本の新しき女というものを見たことのない珍しさ半分と怖さ半分」という書き出しで、紹介されている。

二週間ほど過ごしたのち、現地で「スクールガール」の仕事をみつけた。住み込みで家政婦をしながら、朝晩家事をして日中は学校に通ってよいという仕事である。給料は週三ドル、月にすると十数ドル。当時の日本円に換算すると二五円ほどになる。アルバイトをしながら勉強したい学生にとっては、格好の仕事であった。

スクールガールとなり小学校三年生に

「フサエー、フサエー」

同級生の男の子が、大きな声で呼びに来る。スクールガールとなった房枝の朝は、こうして始まった。家族の朝食の支度と片付けを手早く終えて、自分でつくったサンドイッチの弁当をもって房枝は飛びだした。

勉強のため、そして教育現場の実情を知るために小学校に入りたいと、住み込み先の会社員宅の妻に告げたところ、小学校の校長に紹介してくれたのだ。簡単な面接で三年生のクラスに連れていかれた。英語は次第に聞き取れるようになり授業も楽しくなったが、恥ずかしかったのは体育の時間だ。一〇歳前後の子どもたちと一緒に三〇歳近くの房枝が校庭を走る。しかし、先生も生徒も分け隔てなく仲間に入れてくれた。

房枝が米国の現地社会に入り込む、その柔軟さには驚かされる。米国滞在は約二年半、まずは妹の住む西海岸シアトルに渡り、ここを拠点にカナダのバンクーバーも訪ねながら二カ月弱かけて米国生活と英語に慣れていく。そしてシカゴへ。シカゴ界隈には一年ほど長期滞在して労働団体や女性団体を回りながら、ニューヨーク行きの資金をためる。東海岸に移ってからはニューヨークに八カ月、ワシントンに約二週間。なかなか上手く歩を進めたものだ。長期に滞在する都市に着くと、まずはYMCAの施設を宿として、住まいや仕事を探している。米国の旅でも、キリスト教を学んだことで築いた人脈に助けられた。

このほかボストン、フィラデルフィア、サンフランシスコ、ロサンゼルスなど計一一都市を訪れている。それぞれの街では単なる視察や訪問では見えない米国社会の襞に入り込み、米国人との交流も深めた。

シアトルからシカゴまでは、二日間かけてグレートノーザン鉄道で移動。電車内のストーブで、乗客がそれぞれ持ち込んだ肉や野菜を調理する様を面白く眺めた。シカゴに着くとさっそく現地の新聞『シカゴトリビューン』に二行広告を出す。「日本の若い婦人、スクールガールの職求む」として自身の連絡先も載せた。採用が決まったのは、米国人セールスマンの家庭で妻はシンガー。夫婦とも夜不在がちで、幼い男の子二人の子守をしながら家事を引き受けた。房枝の部屋はなく、夜になると客間の片隅にベッドを引き出して、そこで休んだ。

ところで房枝は住み込み家政婦として、どこで米国の料理を学んだのだろう。料理は妻のアシスタントを務めることが多かったというが、英語の『ボストン・クッキング・スクール・ブック』という料理本を先生としてなんでもつくった。羽をむしった鶏を買い求めてばらしフライド・チキンをつくったり、パンケーキやアップルソースをつくったり。客人が来るというので、チョコレートのレアケーキをつくったときには、最後のチョコレートがけが上手くいかずに流れ落ちてしまったのは失敗だったと語っている。芋の雑炊で育ちながらチョコレートケーキをレシピ片手に作ってしまうとは、これもまたチャレンジ精神の表れではないか。

日中は公立の無料の移民学校で学び、欧州各国から来た女性や子どもたちと交流した。また労働組合の会合に参加したり、女性労働組合の本部に出入りしたりして事務局長とも親しくなった。シカゴにはシカゴ大学、ノースウエスタン大学など名門大学があり、日本からの優秀な留学生も少なくなく、シカゴで知り合った日本人とは帰国後も助け合う大事な人脈を築くことになる。

シカゴで印象的だった施設のひとつは、米国有数の家畜市場スタック・ヤードだ。牛のとさつ場、缶詰工場など、それぞれの施設の広大さ、リアルな作業場面に衝撃を受けた。

シカゴを訪れた日本人を案内し、何度も足を運んだという。

もうひとつは、なんといっても世界に先駆けて作られたセツルメント施設「ハルハウス」である。移民が住む地域にあるハルハウスは、貧困層のための教育・救済施設であり、大人のための夜間学校を運営するほか、食堂や体育館、保育所なども備えている。ここを訪ねて、房枝はある図面を思い出した。新婦人協会立ちあげ時に平塚らいてうが持ち出した、女性のための施設の青写真である。このハルハウスをモデルとしていたのだと、米国で初めて実物を目にして思い至った。

ここで米国初の女性議員ジャネット・ランキンの講演も聞いた。第一次世界大戦に米国が参戦することに毅然として反対を表明した人である（その後第二次世界大戦への参戦にも反対票を投じた唯一の国会議員）。政治活動については「有権者は絶えず議員にハガキを出して、注文を付けるべきである」といった話に、なるほどとうなずいた。

シカゴでは、生涯の友となるアメリカ人とも出会っている。夏の別荘で住み込み家政婦をした、マガメリー家の夫人である。ミシガン湖を挟んだシカゴ対岸にあるハーバートの避暑地で、三カ月を過ごした。

ここでは朝ミルクを取りに行き、朝食をつくることに始まった。パンや肉、野菜は近くの街まで買い出しに行く。ときにはフライパンや肉をもって、湖岸に出かけることもあった。薪集めをして火をおこす、いわゆるバーベキューである。ここで食べたビーフ・ステーキがおいしかったことは忘れられないという。

住み込み家政婦をしていた家庭では、通常食事は給仕をして家族が食べ終わってから一人ですませた。ところがマガメリー家の別荘での夕食は、房枝もともに食卓に着いた。二人の幼い娘からも慕われるようになり、次第に家族のような気持ちになっていった。

あるとき、仕事の合間に"What Women Want"という米国の女性運動史のような本を読んでいたところ、それを見た夫人から感心された。その後二人は、女性問題の議論を交わすようになる。

マガメリー夫人はのちに離婚して、ノースウェスタン大学の教授と再婚してガッツマン夫人となる。戦後まもなく物資の乏しかったときには、ガッツマンの来た背広を数着送ってもらい、これを仕立て直してジャケットとスカートのスーツとしたこともある。グレーを基調としたツイードの変わり織のスーツは、いまでいうならメンズライクの雰囲気で市川によく似合った。肘のあたりが擦り切れて穴があくと、これに当て布をして繕って、さらに大事に着ていた。

晩年に至るまで親しく交際し、夫妻が訪日した折には、市川が活動の拠点とした婦選会館に泊まってもらった。晩年にシカゴを訪れたときは、ガッツマン夫妻とともにミシガン湖畔を歩き、夜は暖炉に火をくべながら遅くまで語り合ったという。

読売新聞に「米国婦人界の珍しいニュース」を寄稿

読売新聞へは、特派員として硬軟とりまぜたエッセイ風の記事を送っている。時折発信した「米国婦人界の珍しいニュース」では、クスリと笑ったり、へええと呟いたりするような短文記事を寄せている。

・二十一の婦人の知事候補者――此の度の知事改選期に際して、カンサス州では僅《わず》かに二一歳のミス・ヘレン・ベエテイグリウが州知事の候補者に立ちました。女史は法律家で、カンサス州の婦人弁護士協会の幹事をしています。発表された政綱を見ると「戦争に反対する」というもので、男子は戦争を引き起こすものだといっています。（一九二二年二月二六日）

・結婚しても姓を変えない女――米国でも結婚すると女は男の姓を名乗らねばならぬ事になっていますが、最近ワシントンで某大学教授と結婚したミス・エルシイ・ヒルはミセス……と夫の姓を名乗る理由はないといって自分の名前を使って居るのだそうです。女史はかつて婦人参政権運動の指導者《リーダー》だったそうです（一九二二年二月二六日）

・夜中のキッスを拒んで離婚――シカゴのミセス・マクアーソンという婦人は「夫が

夜中に私にキッスを求めましたが、私がそれに応じませんでしたら私を寝床の外に蹴り出しました。そして実家に帰れと申しました」という事を理由にして裁判所に離婚を訴え出ました。所が裁判官はそれを正当な理由として離婚を許可しました。

（一九二二年四月二五日）

短い記事ながら、米国社会における女性の地位の変化を表すものである。むろん、これにとどまらず女性問題や労働問題に関する記事も送っている。シカゴに、英国初の女性議員アスター夫人が夫の子爵とともに訪れたときには、オーケストラ・ホールでの演説の様子を伝えた。会場の大ホールは女性たちで埋め尽くされていた。後方の席に座った房枝は、アスター夫人の顔はよく見えなかったとしながら、清楚ななりをした婦人が大きく力強い声で語るのを一言一句聞き漏らすまいと耳を傾けた。

私が言うところの真の女というのは、懸賞競技にふけったり、隣の人達にいばり度いために夫を尻の下にしくような女を意味するのではない。男が忘れている、男ではなし得ない所の道徳上の事について自分達の使命を見出す婦人をさすのである。（中略）一つの政党政派に偏する事なしに凡《すべ》てそれ等の政派の綱領によって我々婦人の態度をきめたらいい。共和党も民主党もきっとあなた方をとり入れる事につとめるに違いない。然し決して政党に利用されてはならない。

こうした言葉を紹介している。最後に記事をこう結んだ。

会場を出る際「一語一語が皆驚異《ワンダフル》だった」と語り合っている白婦人の言葉が耳に這入りましたが私が同行した日本から来たての一紳士はすっかりたまげて「これは恐ろしい事だ」とこぼしていました。（一九二二年七月六日）

当時の日本人男性の多くにとっては、女性の政治参加、そして啓蒙運動は「恐ろしい事」だったのだろう。誰も伝えない米国最新情報を日本に発信した房枝は、十分に特派員としての役目を果たしたといえる。

ところで、この原稿料はどうなったかというと、房枝が三カ月ほど籍をおいた労働組合・友愛会で、先述した通りごたごたの末に東京モスリンを退職せざるをえなくなった女工の山内みなを房枝は一時期引き取って面倒をみており、山内が原稿料をかわりに受け取り生活費の足しにしていたとか。房枝は米国では家政婦として汗を流して働き、あちこちで学んだのであった。

女性党のアリス・ポールと出会う

シカゴでさしあたりの生活費をため、いよいよ憧れの地ニューヨークに向かう。ここでもっとも長く住み込み家政婦を務めたのは、ユダヤ人の牧師夫妻の家だった。夫婦ともにコロンビア大学出身、いまでいうならパワーカップルであるが、ニューヨークの住宅事情は昔もいまも厳しく、房枝の部屋はない。赤ん坊の離乳食をつくり、おしめを洗って台所の天井に干し、夜はその台所にベットを引き出して休んだ。

しかし、そんなことで愚痴をこぼす房枝ではない。ここを拠点にまた精力的に動いた。コロンビア大学の公開講座で学び、アメリカ社会党が開くスクールで「世界の石油問題」などの講義を聞いた。労働組合や女性労働組合の事務局も訪問した。やはり女性問題への関心が高く、時間をみつけてはさまざまな団体に足を運んだ。なかでもいちばん関心をもっていたのが女性有権者同盟、そのニューヨーク支部も訪ねている。

ニューヨークを拠点に活動する日本人のグループとも交流を結んだ。定期的に通ったのは、労働運動家の片山潜《せん》らを中心とする社会主義者の会合である。当時、片山はソ連に渡っていたが、文化人や知識人の集まる街グリニッチビレッジで月一回ほど仲間が集まっていた。房枝は社会主義者ではなかったが、政治信条を超えて誰とでも付きあって学ぼうという姿勢であった。

市川の様子を見ていた雇い主の牧師は、「あなたはいずれ議員になるだろう」と予言者のようにつぶやいたという。

ニューヨークに移って八カ月後、いよいよ政治の本丸であるワシントンに行く機会を得る。世界社会事業大会に出席が認められたのである。大会出席とともに、ワシントンにある各種女性団体を訪ねることが大きな目的であった。六月はじめの爽やかな季節、大会三日目にいよいよ全米女性党の訪問がかなう。

女性参政権が一九二〇年に実現してのちの米国の状況について、ここで少し触れておきたい。米国女性参政権協会という名で、穏健な方法で婦人参政権を獲得しようとしていたグループは、新たに獲得した選挙権を有効に行使しようと、女性有権者同盟に名前を変えていた。一方、女性参政権の獲得に向けて急進的な運動を展開していた左派の女性党は、参政権の獲得は第一歩に過ぎないとして、同じ名前のまま活動を続け、法律上、習慣上すべての方面における男女平等を実現しようと憲法改正運動に着手していた。房枝が訪問をしたのは、後者の女性党の本部である。

拠点とするのは、アメリカ政庁の向かい側にあるオールド・キャピタルと呼ばれる建物である。レンガ造りの重厚な建物は、南北戦争時代に一時政庁として使われていたもので、女性党の会長ベルモント夫人が一〇万ドルで買い取って寄付したものだという。訪問した房枝はここで夕食をご馳走になったあと、同会の事実上の会長であったアリス・ポールに紹介された。まだ三〇代後半のもの静かな雰囲気をたたえる女性で、急進的な党を率いるリーダーとは思えないたたずまいだった。会ってすぐアリスは「どこに泊まっているのですか。ここに泊まりなさい」とやや強引にいい、房枝は宿を引き払って移ることにした。

その夜から四階の一室を用意された房枝は、食堂や談話室でたびたびアリスと会い話をするようになる。社会事業大会の感想を聞かれた房枝はこう答えた。

「できものに膏薬《こうやく》をはるような社会事業は私は好きではない。もちろん膏薬ばりも必要だが、私はできものができないような社会をつくることに興味がある」

アリスはこの答えが気に入ったのかどうか、こう語った。

「ぜひ婦選運動をしなさい。労働運動は男の人に任せておいたらいい。婦人のことは婦人自身でしなければ誰もするものはない。いろいろのことを一時にしてはいけない」

この言葉は、のちに房枝が人生の決断をする上で大きな影響を与えることになる。

約二週間のワシントン滞在中には、穏健派の女性有権者同盟や大学女性協会、女性平和協会、ＰＴＡ本部などの事務局も訪ね歩いた。

房枝の人生を大きく左右することになったアリス・ポールについて、もう少し触れておきたい。アリスは英国留学時代に、英国の女性参政権運動に身を投じている。

英国では早くも一九世紀半ばから女性参政権を求める運動がおこる。欧米で女性参政権運動がもっとも盛んだったのは英国であり、この運動が周辺諸国にも影響を与えた。二〇世紀はじめには「サフラジェット」と呼ばれるようになる運動組織が立ちあがった。運動を率いたのは工業都市マンチェスター出身のエメリン・パンクハーストとその娘たち。合言葉は「言葉ではなく、行動を」。

あるとき陳情のため国会前に集結した女性たちは、警官から五時間にも渡って暴行を受け、それが原因となり三人の女性が命を落とした。暴力により弾圧されるなか、サフラジェットの行動は過激さを増していき、議員邸宅や教会に放火をするといった破壊活動に及ぶようになる。投獄されたメンバーは、刑務所内でハンガーストライキをした際、鼻からゴム管を通され胃に強制的に栄養剤を注入される、いわば拷問を繰り返し受けている。

一九一三年六月、英国でもっとも権威あるダービーで衝撃的な事件が起きた。ひとりの女性が猛スピードで走る国王の馬の前に飛び出し、馬に蹴られて死亡したのだ。女性はエミリー・デイヴィソン。オックスフォード大学で学ぶも、女性に学位は与えられないとして退けられた経験をもつ。その後サフラジェットの運動に参加していた。亡くなったとき手には運動の象徴である紫、白、緑の三色のスカーフに「女性に参政権を」と書いたものを握りしめていた。その行動の真意は謎に包まれているが、馬の首にそのスカーフをかけようとしたともいわれている。エミリーの葬儀には大勢の女性が集まり、その死を悼んだ。

一方で多くの男性から批判の声も沸きあがった。その後、第一次世界大戦を経て一九一八年に英国の女性参政権が実現する。

アリス・ポールが、投獄されたサフラジェットに贈られる「監獄バッジ」を胸につけた写真が残っている。パンクハーストもエミリーも、そしてまたアリスも投獄されても屈することなく、命をかけて女性の参政権を訴えた。アリスはその思いを、大西洋を越えて米国に持ち帰った。その志を市川は、太平洋を超えて日本に伝えたのである。

戦後市川は、米国でアリスとの再会を果たしている。一九七〇年、ワシントンの女性党本部に市川は再び宿泊し、八六歳を迎えたアリスと再会した。背は丸くなっていたが、大きな眼差しは以前と変わりなかっ

た。日本の憲法について尋ねられ、その英訳をぜひ送ってくれと頼まれて、市川はさっそく日本大使館から取り寄せて渡したという。帰り際、アリスは玄関入り口のポーチで、市川の車が消えるまで見送った。これが二人の最後となった。六年後、アリスはニュージャージー州にあるクエーカー教徒のホームで逝去、九二歳だった。

ＩＬＯ勤務が決まり、帰国の途につく

ワシントンを発った房枝は、再びニューヨークへ、そしてシカゴに戻る。米国の男女同権大会の七五周年記念大会がニューヨーク州のセネカフォールズで開かれると知り、行事に参加することにした。大会は

1923年セネカフォールズでの男女同権大会75周年記念大会。75年前の衣装を着て集まった。前列右から8番目が市川

七五年前と同じ日に、同じ街の同じ教会で行われ、当時と同じような服装で参加することになった。この大会で一八四八年当時の服装に身を包んだ女性たちと共に、市川も記念写真に収まっている。

このころ、知人を介して国際労働機関（ＩＬＯ）の職員にならないかと声がかかる。当初、ジュネーブにある本部に勤めるという話で、これを承諾した。すると今度は東京に支局ができるので東京勤務だという。労働問題には関心があったし、いつまでも米国で遊学をしてはいられないと考えていたので、さっそく帰国の準備をした。

ニューヨークではマンハッタンの古本屋に行き、女性問題に関する本を集めることにした。古本屋の店主に聞くと、「女性参政権が実現して、その問題は解決したから、もう奥にしまった」という。屋根裏を指し示すので、はしごで上って関連書を買い求めた。計二〇冊から三〇冊となった。さらに米国ではじめに紡績工場のできたローウェルにも足をのばした。はじめは地域の名望家の娘が女工として参加したあたり、日本の富岡製糸場と歴史が似通っていた。

最後にロサンゼルス、サンフランシスコに立ち寄る。兄から頼まれた家具などを古道具屋で探して買い込んだ。帰りの船で米国帰りの高齢女性から「ラッキー・ストライク」という煙草をすすめられて一本のんでみたらおいしかった。以来、煙草を手にするようになる。

第4章

ILO職員として 女性の労働現場を歩く

ＩＬＯ職員として再出発

一九二四年（大正一三）一月二二日、一万トンをゆうに超える東洋汽船サイベリア丸は、巨大な煙突から黒煙を吐きながら横浜港に着いた。市川房枝を港で出迎えた読売新聞記者は「一等と思いきや特別三等の薄暗いキャビンにいた」と驚いて、市川の帰国報告を「全米の婦人は参政権にあきたらず　社会的地位向上に奮闘」という見出しで伝えた。

降り立った房枝を驚かせたのは、前年におきた関東大震災の惨状を物語るがれきの山だった。震災から五カ月が経ちながら、横浜の街はまったく復興しておらず、東京までの道はバラック建ての急ごしらえの家が建ち並んでいた。

東京ではひとまず、巣鴨の兄の家に世話になることにした。落ち着く間もなく、ＩＬＯの東京支局長・浅利順四郎を宿泊先の帝国ホテルに訪ね、事務所開設の打合せをする。

ＩＬＯは第一次世界大戦後に、労働環境の改善を求める運動が世界各国で活発になったことを受けて、一九一九年に誕生。日本は創設時からのメンバーで、東京支局が開設されたのは震災と同年の一九二三年である（現ILO駐日事務所）。国連機関のなかでは唯一、政労使の三者からなる機関で、労働者、経営者側も、政策策定をするうえでのパートナーであり、等しく発言する権利を持つとする。東京支局の役割は、できたばかりのILOを国内に周知すること、また日本の労働事情を本局に伝えたり、毎年ジュネーブで開かれている国際労働会議に出席する者へ情報を提供したり、といったものだった。

支局を立ちあげようとしたが、震災直後のことでなかなか事務所がみつからず、大森の望翠楼ホテル二階に仮事務所を構えることにした。現在の大田区大森駅近くの高台にあり海を望む望翠楼ホテルは、木造二階建てのモダンな洋館。当時界隈は多くの文士、芸術家が住むことから「馬込文士村」とも呼ばれており、文人らが集うホテルでもあった。事務所はその後、東京・芝にある協調会館に移る。五階建てのビル内には労働関係の事務所が多く、研修会や会合もよく開かれていた労働運動の拠点のひとつである。

新設されたILO東京事務所に集まった職員は、当時のトップクラスのエリート揃いだった。支局長の浅利は農商務省の役人から、ジュネーブのILO本部を経て東京支局長に就いた。次長は、東京帝大法科を出て大学講師をしていた菊池勇夫《いさお》（のち九州大学学長）。開設翌年に採用された水野成夫《しげお》もまた東京帝大出身で、のちに産経新聞の社長になった。翻訳のエキスパートとしては、女子英学塾（のち津田塾大学）で学んだ星野あい。

ILO職員一同が、瀟洒な洋館を背に撮った一葉の写真がある。女性五人が前列のひざ掛け椅子にゆったりと座り、後ろにはスーツをバリッと着込んだ男性五人が並ぶ。職位が上の支局長も「レディファースト」とばかりに後列に立ち、女性は洋装のほうが多い、当時としては珍しい職場の景色でどこか西洋風である。房枝はというと、大きな丸襟の白いブラウスに黒っぽいスーツ、襟元には細いリボンを結ぶ。ひっつめ髪に丸眼鏡、いつもながら愛想のない表情ではあるものの、若々しい洋装である。

房枝はここで初めて、月給一二〇円という高給とりとなる。やや時代は下るが、一九三一年に東京市役所（当時）が市内で働く女性約二万人を対象に行った調査によると、女性「事務員」の初任給は八割強が「三〇円以下」であるから、これに比べると、ＩＬＯ職員は桁はずれに高報酬であったことがわかる。

のちに市川房枝のもとで働くことになる児玉勝子が房枝に初めて会ったのは、長野県別所温泉常楽寺で開かれた「第三回信州婦人夏期大学」を聴講したときであった。講師として招かれた房枝は、ＩＬＯに勤めながら評論家としての名も高まりつつあったころで、講演の依頼もあいつぐようになっていた。

「婦人運動の将来について」というテーマで登壇した房枝は、レースのついた白い半袖ブラウスにうす茶のプリーツスカート、当時としては最先端の洋装であった。講義の始まる前から、受講者たちから憧れの視線が集まった。市川は、世界各国の女性問題と運動について、三日間に渡って講義をした。「それまで古いしきたりの中で『女』であるために受けてきたいわれのない制約に対する反逆が、理論的に正当化され、支持されて目の覚める思いであった」と児玉は振り返る（児玉勝子『戦後の市川房枝』）。

元紡績女工に聞く女工哀史

市川房枝は、日本の資本主義の幕開けのころに育っている。房枝が生まれた一八九三年（明治二六）の翌々年、日清戦争に勝利して賠償金を得た政府は、近代産業の発展に一層力を入れるようになる。その中心となったのが、製糸、綿糸紡績業などの繊維産業。これを最底辺で支えたのが、工場で働く多くの年少の女性労働者であった。

明治政府が近代産業の柱として繊維

1925年ごろILO東京支局職員たちと。前列右端が市川、後列中央が支局長の浅利順四郎

業を育てるべく、一八七二年（明治五）に官営の富岡製糸場を設立したことは周知のとおりである。はじめは士族の娘らが集められ、故郷に戻り製糸工場の現場を牽引するリーダーとして育成された。開設の翌年には、皇后陛下、皇太后陛下が富岡工場を訪れ、五〇〇人程の女工が外国製の最新技術の器械をつかい、繭玉から生糸を紡ぐ様子を視察している。製糸産業を興すことは、それほどの国策であったのだ。

その後繊維産業が急速に成長するなか、その働き手の大半を貧しい農村から「出稼ぎ」にきた年少女子が占めるようになり、涙なしでは語れない「女工哀史」が広がっていく。農村家内工業が没落し、そこから主には女性が賃労働者として繊維工場の中に吸い込まれていった。労働時間一二時間、さらには一六時間、一八時間超といった長時間労働。農村から働きに出る際には、「前金」が親に渡され、それを借金として給料から天引きされるため、働けど働けど、借金は減らず貯金もできない。多くの場合は寄宿舎を用意されており、そこから逃げ出さないように柵がかけられ自由が奪われていた。

ところで「女工」という呼称には蔑視的意が込められることもある。女工たちは当時のあるべき女性モデル「良妻賢母」から外れたものとみなされていたのだ。本書では当然ながら蔑称の意は含まず、当時の通称としてこの言葉を使う。綿糸・紡績の工場で働く「女工」、生糸に携わる「工女」も総称して「女工」と表記することとする。

ここでは房枝と一時期、起居を共にした元紡績女工、山内みなの自伝から数幕を紹介することで、女工の生活ぶりを伝えたい。山内みなは先に述べた通り、房枝が労働組合友愛会婦人部の職員だったころ、ILOの総会に送り出そうとした女工である。暮らしをともにするなかで、山内は女工時代の生活ぶりを市川に話して聞かせたであろう。

山内みなは一九〇〇年、宮城県北端にある一〇戸ほどからなる山奥の村で生まれた。「中農下層程度」の暮らしで、現金収入は炭焼きによるもののみ。姉三人は田畑を売って嫁入り支度をしたものの、みながもの心つくころには家計が苦しくなっていた。あるとき離婚して戻ってきた叔母（父の妹）が、こうささやいた。

「お前も東京に行かないか。東京には紡績という会社があって、寄宿舎もあり、一日働けば給料がもらえる。食堂があってご飯も食べさせてもらえるから、小遣いはいらない。行くことに決めれば前借金一〇円だそうだ」

一二歳のみなはすっかりその話に魅せられた。さっそく訪ねてきた募集人も、こうした甘言で東京行きを誘う。しかし両親は猛反対、近くの村には紡績工場で肺病を患い廃人のようになって帰ってきた娘がいたからだ。みなは手をついて頼みこみ、けっきょく東京モスリンという紡績工場で働くことになった。

東京行きに憧れた同郷の娘二〇人ほどと共に夢を抱いて東京に向かう。上野駅から市電に乗り換えて着いた工場は見渡す限り田んぼのなかで、屋根ほど高い塀に囲われたなかに二〇棟ほどの建物が並ぶ。ここが六〇〇〇人の女工が働く紡績工場だった。前金をもらっての契約であり、ここで最低三年三カ月は働くことになる。

三カ月の見習い期間を経ると二交代制に入り、夜勤が始まった。正午から午前零時まで一週間働いて、次の一週間は午前零時から正午まで働く。みなの持ち場は、縦糸三〇〇〇メートルを巻いて仕あげるところで、巨大な紡績機の前でメートル計とにらめっこで仕事をする。一本でも糸が切れたら、その糸を機械を止めずにつなぐ役割だ。一日一二時間立ちっぱなしで仕事をして、休憩時間は前半、後半で各一五分。合間に食事休憩が三〇分。休むといっても座るところもないので、床に座り込むか、小さなあき箱ひとつに四人でお尻を少しかけるだけ。遠く離れたトイレに行って帰ってくると、もうエンジンがかかってベルトが唸りだすので、ほとんど休めない。

朝食は、冷たくなりかけた南京米のぼろぼろのご飯に味噌汁、たくわん三切。夕食には時折、さばかイワシ、ニシンなどの煮魚がつく。

夜勤のときは、夜の一一時に起きて身支度を調えて、寄宿舎から食堂まで五分ほど長い廊下を歩く。冬は風吹きすさぶなか、裏地のついていない制服のブラウスとスカートに半纏《はんてん》をはおって行く。吹きさらしの食堂で南京米のご飯にお湯をかけて流し込んで、工場に走り込む。

昼の一二時に仕事があけて、食事をして寄宿舎に戻り風呂に入ろうと思うと、これまたたいへんだった。一〇〇〇人以上の女工たちが入るため、たいていは一杯で入れず、ようやく入れたと思うとお湯は垢でドロドロだった。

入社して初めてもらった賃金は、一日一八銭、ここから食費が一〇銭引かれた。翌年から一銭あがったものの、今度は前金と強制貯金が引かれるようになり、手取りはかえって減少した。

過酷な労働を強いられるなか、みなは労働組合友愛会の仕事に傾倒していく。

(『山内みな自伝』より抜粋要約)


みなの体験は、当時の女工のひとつの典型ともいえる。まずは、貧しい農村の年少の女子が紡績工場に行けば賃金をもらえて食事の心配もいらないという甘言で募集されたこと。みなのように自ら望んで行くこともあれば、親が「口減らし」のために送ることもあった。そして雇用契約は、本人ではなく親と雇用者の間にかわされ、親には「前金」が渡された。働きはじめると「前金」に加えて「強制貯金」という名で重ねて搾取される。さらには高い塀に囲まれた寄宿舎で逃げ出さないように監視され、ろくな食事も与えられず長時間労働を強いられることになる。

このような紡績工場、製糸工場での過酷な労働環境を改善すべく、一九一一年(明治四四)に生まれたのが、日本で最初の労働者保護法「工場法」である(施行は一九一六年)。なんとか成立にこぎつけたものの、資本家の反対にあい深夜業の禁止は一五年間延期されることになっていた。しかし、大正時代に入り労働運動が活発になり、さらには海外からも日本の繊維業はソーシャル・ダンピングであるとの批判を浴びる。英国の植民地インドに比べても半分ほどの賃金に抑えられていたのだ。政府は工場法の改正に動くも資本家の抵抗は大きく、改正法により深夜業禁止が実施されたのは一九二九年、昭和に入ってからだ。その間、そして施行後も表には見えにくいところで、女工哀史は続いていた。

女性労働の実態調査に乗り出す

一九二〇年（大正九）、日本で初めての国勢調査が行われている。農家数は約五五〇万戸、農林水産業に就く人は約一五〇〇万人、工場や鉱山などで働く労働者は約五六〇万人。工場鉱山労働者は第一次世界大戦中の工業化により、およそ一〇年でほぼ倍増している。うち六割を女性労働者が占めていた。

一九二五年、女性労働史のなかで歴史に刻まれる書籍が編まれ、世の話題を集めた。『女工哀史』である。著者の細井和喜蔵《わきぞう》は、一三歳の春に機屋《はたや》の小僧になったのを振りだしに一五年間紡績工場で職工として働いた。妻もまた女工であり、そこで見聞きした女工の過酷な生活をまとめたものである。近代産業の黎明期、その興隆を率いた紡績産業がいかに資本家の論理による矛盾に満ちた労働環境であるか、世に大きな警鐘を鳴らした。本書に対しては、すでに工場法の施行後であり、大手企業の工場では改善がなされて工場で裁縫などの教育も行われていたという指摘もあるが、法改正により直ちにすべての工場で働く環境が整えられたわけではないだろう。

こうした時代にあって、市川は女性労働の実態調査に乗り出したのだ。調査は、ＩＬＯ東京支局の外郭団体である国際労働協会の婦人労働委員会で行うことになった。各界から集まった委員が問題としたのは、大きくふたつ。ひとつは多くの年少女子が働く紡績・製糸工場の深夜労働、もうひとつは鉱山の炭坑内での女性労働である。

工場法の制定以前から、炭坑内での危険な労働から坑夫、とりわけ女性を保護すべきだという議論がなされていた。一九世紀後半から日本の近代工業、そして交通のエネルギー供給を支えたのは石炭である。鉱山では多くの女性労働

1926年ILO職員として常磐炭坑視察。右から2人目が市川

者が働いており、「女坑夫」と呼ばれていた。一九二〇年代当時、世界をみわたすと、女性の坑内労働を認めていたのはインドと日本だけであった。

委員会では、はじめに「炭鉱における女性の坑内労働」に関する調査を行うことになった。監事である市川は事務局として、調査先との交渉・調整、出張中の庶務会計、企業への調査票送付、報告書作成、政府への要望書起案などを一手に引き受けることになる。最初に女性委員七人で、常磐地方の鉱山で四日間の実地調査を行った。このときの様子を市川は「地の底で働く女坑夫の生活」で、こう綴っている。

常磐線で現地に向かった一行は、磐城炭鉱株式会社の経営する炭鉱事務所で、まずナッパ服、鳥打帽子をかぶり、すっかり「男装」して懐中電灯をもって町田炭坑に入った。垂直に掘られた炭坑までエレベーターで一三〇メートル近く降りた。そこには水平に坑道があり、下にはレールが敷いてある。ここからトロッコに乗り、さらに奥に徒歩で向かう。電灯はなく、カンテラの明かりがぼんやりと照っているだけである。

暗闇で目をこらすと、四人の男女が働く姿が見えてきた。四人ともに腰に小さな布をつけているだけである。ひとりの男は真っ黒なツヤのある石炭をツルハシで崩していた。もう一人の男は火薬を詰め込むために、タガネを打ち込んで穴をあけていた。二人の女は崩された石炭をシャベルですくい、タガラといわれる籠の中に入れ、それを背負って半町（約五〇メートル）ほど先の炭車まで軽々と運んでいる。六〇キロほどに及ぶタガラを一日一二時間の間に八〇籠ほど運び、日銭はおよそ一円五〇銭だという。

四人は二組の夫婦であった。「はじめは苦しいと思っていたが今は何でもない。もちろん外で同じくらいの賃金がとれる仕事があれば、そのほうがいい」と妻はいう。

さらに坑道を進み、先に落盤のあった現場まで歩いた。前年は女性だけでも一〇〇人ほど、落盤事故で命を落としているという。坑内作業は危険に満ちている。ガスが発生してカンテラの火に引火して爆発することもあれば、水が噴き出て溺死につながることもある。

二時間ほどの坑内視察を終えて地上に出ると、なんともいえない解放感であった。近くには坑内から運びだされた「選炭場」がある。ここで働くのは大半が女性、給料は一二時間働いて五〇銭ほど、坑内作業の三分の一である。

敷地内には、会社経営の病院、浴場、物品販売所、そして坑夫長屋が並ぶ。長屋は八畳と二畳といった広さで、畳のあるところ、ないところがある。少し離れたところには、「草餅」と称する私娼の家が五、六軒あった。

（「地の底で働く女坑夫の生活——常磐地方炭坑視察記」より要約抜粋、『婦人』一九二六年五月）

坑夫の過酷な労働の様子は、森崎和江の『まっくら』、山本作兵衛の『画文集 炭鉱《ヤマ》に生きる――地の底の人生記録』などでもありありと描かれているが、市川が常磐炭坑で見たものとほぼ重なり合う。

女性の鉱山労働者は一九二四年時点の調査で七万五〇〇〇人強、うち六五％ほどが坑内労働、その大半が石炭鉱山である。石炭の産出が多い、九州の筑豊・三池、北海道の石狩、南東北の常磐に、女性の坑内労働者が集中していた。

婦人労働委員会は調査を受けて「速やかに女性の坑内労働を禁止すること、ただし現在従事しているものは、三年間は猶予する」ことを決議して、労働協会に提出、要請書は政府に提出された。

その後、鉱山における女性ならびに年少者の坑内作業、そして深夜業の禁止は遅れに遅れる。鉱山資本家のなかには女性の坑内労働の禁止は「(炭坑内の)夫婦共稼ぎの良習を破壊する」といった苦しい主張をする者もいたが、本音としては女性労働者を男性におきかえると「生産費が著しく膨張して炭鉱が維持できない」というものだった。一九二八年にようやく改正法が成立し、一九三三年施行で鉱山における女性・年少者の坑内労働・深夜業の禁止が実現した。しかし、戦時中に人出不足となりいったん緩和され、完全に女坑夫が消えたのは戦後になってからだ。

各地の紡績工場、製糸工場を視察して回る

続いて、紡績工場、製糸工場の視察を行うわけだが、ここで房枝の調査力に触れないわけにはいかない。市川房枝記念会女性と政治センターには、ILO東京支局時代に市川が行った調査資料が山ほど残されている。

たとえば、鉱山で働く女性労働者のデータ。炭鉱事業所ごとの女性労働者を坑内、坑外に分け、さらにその中を坑内なら「採炭夫」「受負夫」など作業内容で分け、それぞれの「勤続年数」を一覧にしている。むろんすべてを市川ひとりで作成したわけではないが、第二次世界大戦中はその膨大な紙資料をもって川口村（現八王子市）に疎開して、すべての資料を戦火から守ったのである。

「私という人間はね、割合調査が好きなんですよ、統計なんかとることもね」（『近代日本女性史への証言』）などと述べていることから、調査を重んじ、調査資料を大切にすることがうかがえる。

日本労働科学研究所が、繊維産業の各工場に対して行った調査の回答個票まで残されている。「貴工場における女工御使用に関して」として企業に次のような項目を尋ねている。「女工の退職」「女工の能率」「同一作業における場合の賃金に男女間差異ありや」「妊娠および授乳につき特別な施設あらば記されたし」などである。今日の言葉でいうならば、各

社の「女性活躍推進」の状況がよくわかる。市川は貴重な資料だとして、これらを疎開先まで運んだのであろう。

データ重視に加えて、市川は「現場主義」である。製糸、紡績業においても、まずは現場を見るべきだとして工場に赴いて深夜業も視察している。委員らとともに、工場一七カ所ほど、加えて紡績会社の本社や研究所を回っている。大日本紡橋場工場、東洋紡王子工場、八王子織物工場、日清紡織物工場、鐘ヶ淵山科工場、倉敷万寿工場（すべて当時）などである。視察を受け入れたことからして、工場法に沿って職場の改善を進めていた企業であろうと想像できる。市川は、紡績、製糸工場の視察について特段詳しいレポートを残していないことからも、そうした状況がうかがい知れる。

ただし長野県岡谷の製糸工場を視察したときには、心痛む話を聞いた。甲府の製糸工場をみてから上諏訪に着き、湖畔のホテルに泊まっていたときのこと。地元の青年が「話を聞いてほしい」と訪ねてきた。聞けば、製糸工場の寄宿舎から逃げ出して、湖や鉄道で自殺する女工が少なからずいるという。一同、暗然とした。

視察から戻り間もなくのこと、岡谷でお琴の師匠をしているひとりの未亡人が、女工たちの身の上相談にのるため「母之家」を開設したと聞く。投身自殺の多い湖畔に「一寸《ちょっと》御《お》待《ま》ち」の棒杭も立てたという。市川は「これはいい試みだ」と後援会をつくり、有志から寄付を集めて毎月一〇〇円送ることにした。

視察を終えた婦人労働委員会は、繊維関連の工場については第一歩として「深夜業の禁止」に絞った決議を行った。その根拠として一九一九年にワシントンで採択された国際労働条約をあげる。この条約では午後一〇時から午前五時にいたる時間を含む継続一一時間に渡る夜業の禁止を規定する。しかし日本においては政府や雇主の賛成が得られず条約がいまだ批准されていない。少なくとも午後一〇時から午前五時までの深夜作業の禁止を即座に実施すべきである――。こうした決議がなされた。

製糸業については、これに従事する三〇万人の年少女工が「隷属的地位」におかれているとして、就業時間を一一時間に短縮すること、最低賃金制度の設定、工場主の保管による強制貯金の廃止、休憩時間及び食事時間の厳守、前借金制度の改廃など一八項目の労働環境改善を政府ならびに雇主に要求するとした。

先に述べたとおり、女性・年少者の深夜業は、改正工場法の施行により一九二九年（昭和四）に禁止された。それをもってただちに、すべての女性、年少者労働者の働く環境が改善したわけではなく、戦後の労働基準法の制定を待たなければならなかった。

はじめての「女性保護論争」

「平等と保護」とは、なんともむずかしい問題である。一九一一年（明治四四）制定の工場法で保護の対象とされたのは、年少者と女子であったが、その理由として成人男子と比べると自ら労働条件の改善をはかることができない「弱者」であるからとされた。また炭鉱の坑内労働を女性に禁止したことは人道上の判断からであったが、その後女性は賃金の安い坑外労働に就かざるをえなくなり、さらなる貧困に苦しむことになったと、『炭鉱に生きる』の作者・山本作兵衛は書き記している。

「平等と保護」は、近代産業の興隆により女性の賃労働者が急増するなか、新たに持ちあがった社会問題であり、日本のみならず海外でも論争が起きている。市川は論戦には加わっていないが、傍らで観戦するかっこうで自らの考えを深めていった。

日本では大正デモクラシーのなか、女性の著述家が生まれたことで「母性保護論争」が起きた。製糸、紡績工場は、当初は未婚の年少女子が労働力の中心であったが、次第に通勤する既婚者も増えていく。そこで生まれた新たな課題が、「母性保護」であり、仕事と家庭との両立であった。

この社会問題をいち早くとらえて議論を交わしたのが、与謝野晶子、平塚らいてう、山川菊栄らであった。「女性労働者の母性保護はいかにあるべきか」――。

先には『青鞜』で「貞操論争」が起きており、戦後はいく度か「主婦論争」が交わされたが、女性労働史のなかで本格的かつ本質的な論争としては、この「母性保護論争」がはじまりといっていい。一九一八年(大正七)から数年に渡り、『婦人公論』(一九一六年創刊)などを舞台に真っ向勝負で議論が交わされた。

まず意見をぶつけあったのは、与謝野晶子と平塚らいてうだった。与謝野晶子は『太陽』で、女性にも経済的自立が求められるのであって、妊娠分娩期に国家に保護を求めるのには反対だという。

> 男も女も自分たち夫婦の物質的生活は勿論、未来に生るべき我が子の哺育と教育とを持続し完成し得るだけの経済上の保障が、相互の労働に由って得られる確信があり、それだけの財力が既に男女のいずれにも貯えられているのを待って結婚しかつ分娩すべき。(『太陽』一九一八年六月)

これに対して平塚らいてうは、母親に妊娠、分娩、育児期における生活の安定を与えるよう、「国庫によって補助」することが必要だという母性保護論をもって反論した。

> 元来母は生命の源泉であつて、婦人は母たることによつて個人的存在の域を脱して

社会的な国家的な、人類的な存在者となるのでありますから、母を保護することは婦人一個の幸福のために必要なばかりでなく、その子供を通じて、全社会の幸福のため、全人類の将来のために必要なことなのであります。

（『婦人公論』一九一八年五月）

当時、与謝野晶子は四〇歳目前ですでに一〇人の子どもを産み育てており、そのうえ家計を支えていた。また三〇代前半の平塚らいてうは事実婚のパートナーが画家で、ふたりの子を育てながら経済的に苦境に立たされていた時期だった。

この論争に割って入り、『婦人公論』（一九一八年九月）で、二人の著名な先輩をばっさり切り捨てたのが、当時まだ二七歳だった社会主義評論家の山川菊栄である。

与謝野晶子に対しては、一九世紀後半に世界の大勢となった女権運動の伝統を継承するもので、それ以上でもそれ以下でもない。「一切の社会的困難は個人の努力ひとつで解決されるものである」とするもので、ブルジョアジーに終始するものだと手厳しい。

一方の平塚らいてうについても、「母たる権利を主張する説は、旧来の女権運動に対する修正案に過ぎず、二〇世紀初頭に北欧におきた母権運動の系統である」として、こうした考え方は「月並みな社会政策以上のものたりえない」と批評する。

両者の「経済的自立」「母性の保護」には一定の真理があると賛成しつつも、両者ともに「資本主義の勃興に伴う社会的変化に順応するもの」であるとして、根本的な解決のためには、両者のいう女性問題を引き起こした経済関係そのものを変えていくしかないと主張する。資本主義の打破こそ真の解決の道であると、社会主義的立場を表明した。

山川の論考で、もうひとつ注目すべきは、女性のケア労働に対する指摘である。

家庭における婦人の労働は、畢竟《ひっきょう》不払い労働でなくて何であろうか。而《しこう》してかような不払い労働は、単に家庭における婦人の地位を不安定な、そして屈従的な苦痛なものにするのみならず、惹《ひ》いて労働市場における一般婦人の労働価値を低からしむるものである。

家庭でのケア労働の女性への偏りが、女性の労働市場での地位を低める要因であると山川は喝破したが、これは一〇〇年の時を経ても頷ける、あざやかなものである。山川はこのころ、社会主義者の山川均と結婚してまもないころで乳飲み子を抱えており、自身のひりひりするような思いから成る論考だったのではないか。

大正デモクラシーのなかで、子育てをしながら論壇で頭角を現した三人の女性が、「母性保護」について三様の論を提示したことは画期的なことであった。こうした議論により世に新たな社会問題を問うことになり、さらには労働運動の活発化もあり、母性保護も含んだ健康保険の成立につながっていく。

当時市川は、名古屋から上京したばかりであり土俵の脇から垣間見るという立場であったが、後年「平塚らいてうの母性保護論にはやや違和感を覚えた」ともらしている。市川はのち二八歳で渡った米国でも、再び「保護」問題で女性を分かつ論戦に触れる。

米国では一九二〇年に女性参政権が実現したのち、女性参政権運動の左派であった「女性党」が、法律上、習慣上すべての方面における男女平等を求めて闘いを続けていた。女性党は男女の別をつけて女性に特別な保護を施す「女性保護法案」には反対の姿勢を打ち出す。労働問題においても、八時間労働法にも夜業禁止にも賛成だが、男女に共通して適用されることを要求するという。たとえばニューヨーク州では女性に対してのみ夜業禁止とする法律が施行されたとき、多数の印刷所で働いている女性、料理店で働いている女性が解雇され、男性にとってかわられたという。女性保護政策は、男女不公平につながるというのだ。

一方の保守系団体は、保護の撤廃は働く女性の現状を低下させるものである、女性はとうてい男子と同等の労働に耐えられないし、子どもの母として特別に保護する必要があるとする。

こうした考え方の違いにより、女性の間で「争い」が起きている様を、市川は米国で目の当たりにした。この様子を『女性改造』（一九二四年第三巻第四号）に寄稿し、最後に「絶対的男女同等？　何れが是か非か、ここでは唯問題を提供して識者の批判に俟《ま》つ事にする」

と締めくくる。そのときの市川にとって、結論の出ない問題であったのだろう。時代がくだり、一九七〇年代となり女性差別撤廃条約をめぐる議論では「保護か平等か」ではなく、「保護も平等も」実現すべきだと述べている。戦前戦後の働く女性がおかれた環境をみつめてきた市川の現実を踏まえた意見であったのだろう。

婦選運動に専念するため、ILOを退職

さて、市川はILO東京支局に籍をおいて一年も経たないうちに、再び女性参政権の運動に引き込まれていく。昼間はILO、夜は女性参政権運動という、今日でいうなら「パラレルキャリア」で二足のわらじをはくようになったのだ。新婦人協会での活動ぶりを知っていたまわりが、市川をほうっておかなかった。運動をともにという仲間からの誘いをはじめは断っていたが、「私もその必要は認め、適当な機会に運動に参加する心組みだったので、一応承諾した」。

ILOに加わった年の師走には、「婦人参政権獲得期成同盟会」の結成式に参加し、運動に加わることになる。ときには、終電を逃して市川の自費でみなをタクシーで送りながら帰宅することもあった。ILO事務局にも同盟会の関係者がしばしば訪れるようになったが、支局長の浅利は文句をいわずに励ましてくれたという。

ついに事務局勤務四年目に入るころには、ＩＬＯは半日勤務のパートタイマーとなり、運動にいっそう力を入れるようになる。とはいえ、それ以前から気持ちがどちらに傾いているかは、仕事年表をみれば明らかである。満四年勤めたＩＬＯを辞し、運動に専念することにした。破格の好待遇の職を辞するとあって、まわりには思いとどまるように助言する人も多かった。しかし、米国で出会ったアリス・ポールから「労働問題はほかにもできる人がいる。あなたは婦人問題をおやりなさい」といわれた言葉が、房枝のなかで次第に大きくなっていた。

ＩＬＯでの仕事が労働分野で新たな出会いにつながり、視野を広げてくれたのは確かであった。また労働環境を改善するために、国際条約を論拠として政府に法改正を迫っていくことをＩＬＯ時代に学んでいる。これが一九七〇年代に女性差別撤廃条約の批准に向けて運動するうえで、背骨となったように思う。

だが、市川はやはり「運動家」であったのだろう。経済的なあてもないまま、先行きがどうなるかもまったくわからないまま、再び女性参政権の獲得という大海原の荒波に漕ぎ出すことになる。

第5章 戦前の「婦選」活動

ジェンダー区分を壊そうとする女たち

「黄色い声をはりあげて赤い気焔を吐く」

「婦選の猛者《もさ》」

女性参政権を求めて再び運動を始めた市川らは、新聞見出しでこう叩かれた。かつて平塚らいてうと新婦人協会で活動したころに比べると、新聞の攻撃は激しさを増していた。

一九二四年（大正一三）、「婦人参政権獲得期成同盟会」（のち「婦選獲得同盟」に改称）を旗揚げ、日本基督教婦人矯風会の久布白落実《くぶしろおちみ》が総務理事に就き、市川はナンバー二にあたる会務理事に就いた。まだＩＬＯに勤めていたころのことだ。

政治、行政、経済活動など「公」領域は、男の仕事。家庭の家事・育児・介護など「私」領域は、女の仕事。そのジェンダー区分を壊そうとする女は、とんでもない「猛者」なのだ。運動をともにする仲間は、それぞれの組織でもまれて、一段とたくましくなっていた。それに比例するかのように、世間からの風あたりは強くなった。

最初に同盟が掲げた目標は、以下の三つ。まさに「公」の本丸に切りこんでいこうとするものだ。

一、治安警察法を改正し、婦人も政治結社に参加できるようにすること。
二、市制、町村制を改正して、婦人にも公民権（市町村議会の選挙権、被選挙権）を与えること。
三、衆議院議員選挙法を改正して、婦人にも男子と同様の選挙権、被選挙権を与えること。

国会には、これに他の婦人団体が運動している女子教育を加えて、四案を上程することをめざした。同盟の理事らは走りまわって、女性参政権に賛同し、かつ提案者となってくれる議員を探した。女性に参政権は与えられていないため、当然ながら議会は男性一色。男性議員に提案者となってもらい、女性参政権の法案を通すのは並大抵のことではない。

一九二五年三月一〇日、衆議院の傍聴人入口には、羽織姿の女性たちが長い長い列をつくった。その数約二〇〇人。当時国会には「婦人席」なるものが設けられていたが、ここには収まりきらず、急きょ三枠ほど座席を広げてもらった。政府の態度は、あいも変わらずかたくなだった。三月一六日付けの『大阪朝日新聞』はこう報じる。

加藤首相は「婦人に参政権をやると、夫婦喧嘩が絶えないからやれん」といった。若槻内相は「婦人の政治的能力はまだ参政権を行使するまでに達してをらぬ」といった。婦人デーの議場で政友本党の吉良元夫君は「私の知っているわが国の婦人運動者は、悉《ことごと》くとは云《い》はないがその大部分は不品行であり、ふしだらである」と放言……。

吉良が傍聴席を時折あおぎ見ながらこう一席ぶつと、女性たちの間に悔しさのにじむ嘆息が広がった。

三月一一日の新聞各紙でこの様子が伝えられるが、『東京朝日新聞』は岡本一平（岡本太郎の父親）のイラスト入りで、説明議員四人の頭に茶化してリボンをつけて、それぞれの発言を引用した。

高橋君曰く「生糸も綿糸も誰が作るか」
山口君曰く「こういう大問題を笑うは士君子にあるまじき事だ」
松本君曰く「三千万の男性、女一人の力に及ばぬものがある」
内ケ崎君曰く「婦人は生命の源泉である。誰でも女より生まれないものはない」

このとき上程した参政権に関する三案（結社権は治安警察法改正案、公民権、参政権は建議案）、および女子教育関係案は衆議院で可決されたものの、貴族院で審議未了となった。このときもまた、貴族院の壁は厚かった。

貴族院の議員は選挙で選ばれる議員ではないから、社会の保守的なジェンダー規範を代弁しているともいえる。実は女性のなかにも、女性参政権に反対する人が少なくなかった。このころ『東京朝日新聞』で、女性参政権に関する紙上討論が行われた。

「私達にはより良い人類をつくるための努力、より良い生活を楽しむための努力、そこに私達女人でなくてはできない天職があります」（一九二五年二月一七日）

「女性としての政治上の主張なり不満なりは、妻は夫に娘は父兄に直接いうべきです。それで十分です」（一九二五年二月二五日）

明治民法で家父長制が明文化されてから三〇年

1928年普選達成婦人委員会のメンバーたちとポスター、チラシを準備する。左から２人目が市川

近く、女性たちの間でも「公」領域は男、「私」領域は女性というジェンダー規範が、心に深く深く刻みこまれていたのだ。

ジェンダーと参政権

この国会ではひとつ、重要な法改正が行われている。男子の普通選挙の実現である。選挙権の資格を「直接国税三円以上を納付するもの」とする文言を削除して、「二五歳以上のすべての男子に選挙権を、三〇歳以上のすべての男子に被選挙権を与える」とするものだ。労働運動が盛りあがり、政府はもはや自由を求める機運の高まりを押さえこむことができなくなっていた。

ところで、「普選」とは、どんな基準をもって「普通」というのであろう。成人男女すべての国民が制限なく選挙権をもつことを、一般的には「普通選挙」という。しかし日本のみならず海外を見渡しても、議会選挙はほじめは完全普通選挙ではなく「制限」つき選挙であった。おもには階級、性の違い、人種・民族などにより制限されており、なにを「制限」とするかは、国によって異なる。米国では白人女性と黒人男性と、どちらに先に選挙権を与えるかで女性団体の間でも衝突が起きた。オーストラリアでは白人女性はいち早く選挙権を獲得したが、先住民が選挙権を得たのは一九六二年である。

ここでは、ジェンダーと参政権に絞ってみてみたい。一九世紀後半から二〇世紀はじめにかけて、欧米各国で女性が参政権を獲得していくが、その事情も各国によって違う。世界で最初にニュージーランド（一八九三年）、続いてオーストラリア（一九〇二年）でも白人の女性参政権が実現している。移民白人が原住民に対する支配権を強めるために白人女性にも参政権を与えたとする説もあれば、英国から民主主義の夢を抱いて移住した者たちの革新性によるとする説もある。欧州で初めて女性参政権を実現したのは、フィンランドで一九〇六年のこと。一九〇〇年代、一〇年代にかけて、北欧諸国で導入があいついだのは、女性運動と労働運動が連携しての成果でもある。

英国で女性参政権が実現したのは一九一八年、第一次世界大戦が終結してからだ。はじめは資産や属性条件が付けられ、一九二八年に男性と同じく二一歳以上の女性すべてに認められた。第三章でみたとおり、サフラジェットはじめ女性参政権を求める団体が命がけで戦った成果であろう。一方で、女性参政権団体が第一次大戦に協力する姿勢を見せたことに報いたとする説もある。

米国では英国に比べると女性の戦時動員は限定的であったが、参戦を支持する女性団体、会員個人の判断に委ねる団体に分かれた。中村久司『憲法を変えた女たち』によると、後者にあたるアリス・ポール率いる女性党は戦争中も参政権獲得に向けて、ホワイトハウスの通用門で約二年に渡り無言のピケット（見張り行動）などを続けた。アリスははじめ五〇〇人近い女性が、違法行為だとして逮捕され、投獄された者は英国と同様ハンガーストライキに対する強制摂食という拷問を受けたという。女性参政権は女性団体からの圧力も受けて州単位での導入から始まり、一九二〇年にはついに全米で実現した。

米欧の事情に通じている市川のこと、女性参政権で先をいく各国が、いかにその切符を手にしたかも承知していただろう。同盟の機関誌では、英米の運動を紹介する記事も載せており、日本で運動を展開するうえで海外の動きを参考にしていたことがうかがえる。

「婦選」なくして「普選」なし

日本では一九二八年(昭和三)、初めての男子普通選挙が実施される。有産階級のみならず、すべての男子に選挙権が与えられるという点で時代を画すものである。有権者数は約三〇〇万人から一二四〇万人へと一気に増える。

男女同じく参政権を持つことをめざすものにとっては、「普選」は男子のみの「特別選挙」であった。同盟は、婦人参政権を「婦選」と名づけて、「普選」と同じ音読みとして運動を展開することとし、看板も「婦選獲得同盟」にかけかえる。

同盟は、普通選挙の始まりとともにある戦術をとった。婦選を政策に掲げる候補者に対して、応援弁士を派遣して、推薦状を発送するというものだ。むろん候補者は全員男性である。目的は、男子の普選実現で機運が盛りあがるなか「婦選」に対する意識喚起をすること、婦選に賛同する議員を国会に送り込むこと、公明選挙の普及に努めることである。

全国四〇人もの候補者から希望が寄せられ、うち遠隔地などを除く一四人の候補者の応援に乗り出した。一九二一年の治警法の改正により、女性も晴れて応援演説ができるようになっていたのだ。メンバーが駆けつけたところは「女が応援にくるとは珍しい」と、どこも満席となった。市川はこのとき、戦後に日本社会党党首として初の首相となる片山哲の応援もしている。

労働農民党から政友会まで左右問わずに応援をしたことで、吉野作造から「婦選に賛成だといいさえすれば相手が泥棒だろうが何だろうがかまわないというのでは困ります」といった批判も受けた。しかし、市川らは意に介さなかった。左右の思想を問わず普選をうまく使いながら、婦選の実現に向けて一歩一歩進めていく。このあたり、現実的な戦術家であることがうかがえる。

英米の女性団体の動きをみても、運動のポイントは大きく三つとされる。ひとつ目は議員に対する働きかけ（ロビーイング）、ふたつ目は賛同議員を議会に送り込むこと、三つ目は広く大衆の意識を喚起することである。同盟の活動をみると、これらのセオリーをすべて満たしていることがわかる。やはり、海外通の市川がリーダーであったがゆえの運動手法ではないか。

第二回目の普通選挙では、各地に演説会の開催を呼びかけ、講演者の派遣をした。新潟の柏崎の演説会に市川と藤田たき（当時女子英学塾教授）が出かけたところ、髪を短く刈りあげた藤田のなりに主催者は目を丸くした。熊本の演説会に呼ばれた際には「保守的外貌を整えてきてくれ」という要請があり、講演者三人は汽車のなかで和服に着替えて、断髪のものはつけ髷《まげ》をかぶり、すました顔で登壇したという。各地での演説会はいずれも予想を上回る反響であった。このころ、昭和に入ってからの数年が、戦前の婦選運動がもっとも花開いた時期であった。

時代は下って、戦後に建てられた運動の拠点「婦選会館」には、ふたつのプレートが玄関に掲げられた。ひとつは平塚らいてうの「元始、女性は太陽であった」。もうひとつは市川房枝の言葉「婦選は鍵なり」である。女性が人権を獲得して自立して生きる、そんな社会を実現するには、女性参政権が「鍵」になるといった意味合いだろう。

平塚は、「私」領域でのジェンダー意識の改革を促した。結婚、出産の自己決定権を女性がもつこと。女性が子どもを産み育てるためには「公」の保護も必要なことを提唱した。一方の市川は、男性の仕事とされた「公」領域への女性の参加を、戦前戦後の生涯をかけて訴えた。市川と平塚の「公」「私」での闘いは、互いを補いあうものであった。どちらが欠けてもジェンダー規範の変革は成し遂げられないといっていい。

与謝野晶子作詞の「婦選」の歌

一九二八年(昭和三)、市川は同盟の推薦をうけて、ハワイで開かれた第一回汎太平洋婦人会議に参加している。出発にあたり、東京駅で写真を撮られた市川は、細いボウタイの半そでの白いワンピースに右肩に羽のコサージュ、お揃いの白い帽子と実にスタイリッシュないでたちである。満面の笑みから、運動の充実ぶりがうかがえる。ハワイのあと米国本土にわたり大統領選を見学、四カ月弱米国に滞在している。

帰国した翌々年の一九三〇年、婦選獲得同盟主催、六団体後援により、第一回全日本婦選大会を開く。緑薫る四月、東京・神宮外苑の日本青年館に、北は北海道から南は広島まで地方からの出席者を含め、総勢六〇〇人が中講堂にあふれた。政府や各党から祝辞も寄せられた。当時野党であった政友会総裁の犬養毅は「婦人参政権は普通選挙の当然の帰結であって、婦選なくして完全なる普選はない」と力強い言葉を寄せている。

会の最大の盛りあがりは、与謝野晶子、深尾須磨子作詞によるふたつの詞に、山田耕筰が曲をつけた「婦選の歌」が発表され、それを当時の国民的歌手荻野綾子がソプラノで高らかに歌いあげたことだった。

同じく人なる我等女性
今こそ新たに試す力
いざいざ一つの生くる権利
政治の基礎にも強く立たん（与謝野晶子作詞）

夕方閉会しようというとき、歌手の荻野が再び壇上にあがって自らピアノの前にすわり、「婦選の歌」を全員で合唱しようと指揮をした。大合唱をもって閉会となった。会館前の階段での集合写真も圧巻である。最前列の和装の女性たちが地べたにきちんと正座している姿が、時代を映しているようで印象に残る。

その翌年、今度はなんと政府から、制限付きの婦人公民権案が出された。市町村会議員の選挙権のみ二五歳以上の女性に認めるもの、さらに妻は当選後に議員に就くにあたり「夫の合意を得る」ことを必要とするものだ。家父長制の支配下で女性の参政権を認めることで、国家統制をより強めようとしたといわれている。この案は、衆議院で可決するも、貴族院で否決となった。当選しても「夫の合意」がなければ議員となれない法律など「没」としたほうがいいと考えていた同盟は、かえって否決に胸をなでおろしたのだった。

戦前の国会で、婦選案を審議するのはこれが最後となった。その後日本はファッショへの道を突き進むことになる。満州事変、五・一五事件、二・二六事件が起きるなか、軍部が支配を強めていき、「婦選」どころではないという空気に変わっていく。

婦選獲得同盟もまた転機を迎えていた。一九三〇年の婦選大会直後の七月、同盟のトップであった久布白落実が、古巣の日本基督教婦人矯風会に戻ることになり、市川が総務理事に就任する。名実ともに婦選運動のトップについたわけだが、複雑な思いもあった。投票により総務理事に就いたが、はじめの投票では役員の半数の票しか得られなかった。さらに市川の就任後、数人が会から離れていった。実質的に事務局を采配していたにもかかわらず、人心掌握が十分ではなかったのかと落ち込んだ。その後も内紛があり、涙したこともある。四〇歳を迎えようとするときのこと。組織のナンバー二からナンバー一となれば、トップとしていかにリーダーシップを発揮するか、人知れず悩むものである。市川もまた、逡巡しながら運動を率いていたのだ。

先の一九三〇年第一回全日本婦選大会が「婦選のピークであった」と、市川は後に語っている。軍靴の音が日に日に高まり、まもなく婦選は「冬の時代」を迎える。

賛同者・犬養毅、銃弾に倒れる

一九三一年（昭和六）九月一八日、満州事変勃発。もはや日本は準軍事体制である。事変の前後から、同盟のまわりでも不穏な出来事が続いた。

同じ年の二月、第二回婦選大会を赤坂溜池の三会堂で開催した。「婦選の歌」の合唱に続いて、市川が開会の辞を述べようと演壇についたときのこと、真正面の入り口からひとりの青年が「婦人参政権反対！」と叫んで演壇に駆けあがり、市川の胸ぐらをつかんでひきずり降ろそうとした。いつもの通り演壇にいた警官が取り押さえたが、別の青年数人が二階にあがり、婦人参政権反対のビラをまいた。市川に怪我はなく、セーターの襟元が破れた程度だったので、何ごともなかったかのように開会の辞を続けた。青年は建国会の赤《あか》尾敏《おびん》だったとのちに知る。

街中でビラ貼りをしていた市川と同盟の児玉勝子は、警察につかまり留置場に入れられたこともあった。普選の総選挙をとらえて女性には選挙権がないことを知らしめる運動をしようと、「与えよ一票婦人にも」という菊版タテ半裁のビラをつくり、一九三二年二月の冷え込む夜、のりバケツをもって街に出た。京橋から銀座にかけて大通りの電信柱に貼って歩いていたところ、酔っ払いの男性四、五人が珍しそうに近寄ってついてきた。その集団を警官がみとがめた。許可を得ないで電信柱にビラを貼るのは違反だと、新橋警察署に連行され、住所氏名を聞かれたうえ、のりバケツとともに地下の留置場に入れられた。ふたりとも手はのりだらけのままだった。そのときたまたま署にいた上官が市川房枝のことを知っていて「何だ先生ですか。電信柱に許可なく貼ってはいけませんよ」と、始末書だけで放免となった。

婦人参政権に対して冷たい風が吹き始めても、運動家の面々はあきらめなかった。満州事変からおよそ三カ月後、かねてより賛同者であった犬養毅が新総理になったことに意を強くし、声明書を提出、面談を申し入れた。一九三二年一月、総理官邸の奥の間で犬養との面談がかなった。重厚なマントルピースを前にひじ掛け椅子に腰かけた犬養に対して、市川はじめ威勢のいい女たち一〇人が並ぶ。その日体調が悪かった犬養は、背中を丸めて椅子に深く体を沈めていた。にもかかわらず、二五分ほどひとりで話し続けた。

「今の選挙だって昭和初年度に行われ

1932年犬養首相官邸を訪問した婦選運動家たち。市川は前列右から2人目

た当時には名も書けないものがたくさんいた。かえって選挙権のない村の坊主や教師に教わって投票しよったものじゃ」と時期尚早論を退け、公民権（市町村での参政権）は男女参加の完全が当然、参政権（衆議院の参政権）はその後になろうという。しかし「できるだけ希望に沿うよう党と相談しよう」と確約はしなかった。総理となれば、それもやむをえないことだろうと市川らは辞去した。

その四ヵ月ほどのち、官邸の同じ部屋に青年将校が押し入り、「話せばわかる」という犬養に対して「問答無用」と銃口を向けた。五・一五事件である。選挙で大勝したばかりの犬養が、軍将校により暗殺されたことは社会に大きな衝撃を与えた。

翌一九三三年、日本は国際連盟を脱退した。同じ年、ドイツでアドルフ・ヒトラーが首相に就任している。日本もまた軍事国家に大きく傾いていく。

このころ、市川は「婦選魂」と題する短文を書いている。

題して婦選魂という。それは婦選運動者としての私共の平常の心構え、態度、信念の謂《い》いである。私共《ども》は事大主義を蛇蝎《だかつ》の如く排する。政府の政策であるが故に、市当局の主張であるが故に、無批判にこれを支持するが如き不見識な事はしない。（中略）運動はいつでも大衆より数歩をすすめ大衆の自覚しない問題をとらえ「あやまりたる認識を是正する事」を目標としなければならない。それは大衆から決して歓迎される筈《はず》はない歓迎されない所に運動の存在の価値があるのである。(『婦選』一九三四年一月)

自らを奮い立たせようとしているかのようだ。行間には政府の意のままには動かない、つまり反戦の姿勢がみてとれる。あふれ出る指導者としての使命感、責任感——、のちにこれが、戦時体制に突入したとき裏目に出る。逃げずに指導者としての使命を果たさなければならない、として戦争協力への道を進むことになったのだ。

このころ、婦選大会では国家予算の検討を議題にあげ、軍事予算増強に「反対」の決議をしている。同盟の機関誌『婦選』に市川が仮名で書いた政局談が当局の目にとまり、発禁処分を受けたこともある。満州事変、そして五・一五事件を経てもなお、市川そして婦選仲間の多くは「戦争反対」の旗を掲げようとした。しかし、間もなく旗をそろりと降ろさなくてはならない時代に入る。

「婦選」を正面に掲げての運動はむずかしくなり、次第に「生活」に力点をおき「政治と台所」をテーマに運動を展開するようになった。東京市(当時)のゴミの分別収集の啓発活動に協力したり、築地市場で単一問屋の独占に反対したり、といった運動である。自治体の行政にも、生活の改善にも女性が大きな力を発揮することで、「(女性が)参加する実例を示したかった」と市川はいう(「政治談話」)。

政治は、あまねくすべての人の生活にかかわるもの、政治と生活は切り離せないという問題提起でもあった。政治は天下国家を論じる男の仕事として、「公」領域から女性を遠ざけていたが、実は生活に直結するものという新たな視点をもたらしたともいえる。

最大の目的は達成できなかったが、女性に関する課題を少しでも解決したいと婦選運動家らが尽力し、法制化にこぎつけたものもある。ひとつは母子保護法の制定である（一九三七年）。貧困から母子心中に至る例があとを絶たないことから、母子扶助の法律を請願した。政府はこれを受けて一三歳以下の子をもち貧困に陥った母親に対して、生活扶助、養育扶助、生業扶助および医療扶助を行う法律を定めた。

それに続いて、「人事調停法」が成立する。戦局が厳しくなるなか戦死者が増え、戦争未亡人も増えていた。すると戦死者に対する遺族年金を巡るトラブルが増える。年金を舅姑が独占しようと、嫁を追い出す例が出てきたのだ。弱い立場の女性を守るために提案した法律だったが、政府は軍意高揚が求められるなか士気にかかわるとして制定を急いだ。同床異夢ながら、人事調停法はスピード制定することとなった。

第6章

戦争を生きぬく

戦争反対、運動撤退、あるいは生き残りか

一九三六年（昭和一一）、二月二六日、軍部将校らがクーデターを起こした。二・二六事件である。市川がこの一週間ほどで見聞きしたことは、『自伝』に記した日記と「政治談話」によると、次のようなものである。

二月二六日、淀橋（現在の新宿西口あたり）にある自宅から麴町の事務所に行こうとしたところ電車もバスも動かない。何か異変があったらしい。そこで四谷までタクシーを飛ばして出勤して、新聞社の知人に電話をかけたところ、軍のクーデターだという。首相、蔵相、内府、教育総監などが射殺されたと聞き、言葉を失う。重要な書類を知人宅に避難させたあと、午後二時ごろ丸ビルまで小切手を現金にかえにいく。どうしても自分の目で確かめたくなり、タクシーを頼んで、麴町、半蔵門、九段、赤坂と回った。半蔵門は機関銃三台を据え剣突で警戒、日比谷まで交通遮断、馬場先門あたりは

鉄条網が張られている。

翌日になっても、ラジオのニュースでも報じられない。二月二八日の夜になり、ようやく反乱軍数百名が永田町付近にいることが発表された。銀座から車で山王下に周ったところ、山王ホテルの前で反乱軍の兵士らが、機関銃を構えている姿を目にした。雪のちらつく寒い日だった。その前日には戒厳令が敷かれていた。

その五カ月ほど後の一九三七年七月七日夜、満州・盧溝橋で闇夜に銃声が鳴り響いた。今度は盧溝橋事件である。これを契機に日中戦争に突入、いよいよ本格的な戦時体制となる。ここから、言論の自由も集会の自由も奪われていく。婦選の運動は本格的な「冬の時代」、極寒の時代に入っていく。

市川は、深い憂鬱のなかに沈んだ。二カ月ほどの間、身の処し方について逡巡した。これまでは、可能な限り戦争反対を唱えてきた。しかし全面的に戦争に突入したいま、考えられる道は三つ。ひとつ目は正面から戦争に反対して監獄に行くか。ふたつ目は運動からまったく撤退してしまうか、三つ目は現状を肯定してある程度協力するか——。

これまで多くの女性たちと共に歩んできて、自分だけ逃げだすことができるのか。それはやっぱり許されない。ここまできたのだから、一般大衆が、女性が少しでも被害を少なくする役割を担うべきではないか。それは戦争を承認することになるが、やむをえない。

こうして市川は第三の道を選ぶことに、腹をくくった。社会を動かそうとするとき、「大同団結」、あらゆる分野への「女性の参画」が必要である、これが戦前戦後を貫く市川の信念である。

戦争という非常時局を乗り切るためにもまた同様の考えで、さっそく八つの女性団体で「日本婦人団体連盟」を組織する。日本基督教婦人矯風会、全国友の会、日本女医会、日本消費組合婦人協会など、いずれも歴史のある有力団体である。会長は矯風会のガントレット恒子が就任、市川は書記を担うことになった。事務所は、駿河台に新築されたばかりの佐藤新興生活館（現・山の上ホテル）の二階、まずは栄養価の高い玄米を食べようと白米食廃止の実行運動から着手した。その後、労働力不足により女性の坑内労働禁止を緩和する動きに反対したり、勤労女性の増加に伴い屋外テントで子どもをあずかる天幕託児所を開設したりした。

このころ、市川が盛んに主張していることはふたつ。国防婦人会、愛国婦人会など女性団体がいくつかあるが、これを一団体にまとめて団結すること。それらの団体役員に当初女性がひとりも入っていなかったが、国民の半数を占める女性の代表を加えるべきであるということだ。戦時を乗り切るためにも、「大同団結」「女性の参画」なのである。

官製団体の女性役員に抜擢

市川らの提案もあってか、団体はひとつにまとめられ、そして役員への女性登用も進む。当然ながら、数十年に渡り婦選リーダーとして力を発揮してきた市川にも、いくつかの官製団体から声がかかり、委員などの任にあたるようになる。国民精神総動員中央連盟の家庭実践の調査委員、国民精神総動員委員会の幹事などである。後者の幹事は二七人中女性ひとりであった。

ためしに国民精神総動員中央連盟の基本方針をみてみると、綱領は「肇国の大理想を顕揚し東亜秩序の建設を期す」にはじまり、実施要項には「事変の進展に伴い、益々銃後後援の実を挙ぐること」などとある。このときばかりは、政府の政策を無批判に受け入れたりはしないという「婦選魂」を脇において、賛成の姿勢を示したのであろうか。実際に「協力」するなかで、市川自身は次第に戦時の思想に呑み込まれていったことがうかがえる。同盟が出す機関誌『女性展望』(一九四一年一一月)の「大政翼賛運動と婦人」という巻頭言で、女性を軽視するのは由々しきことだとして、こう述べている。

新体制を必要とする高度国防国家建設の基礎は、丈夫な子供を多数産み育てる事であり、限られたる物資で家族の健康を維持し、台所から悲鳴をあげしめない事にある

のである。（中略）

日本国民の一人として大政翼賛運動に参加し、婦人達をしてその任務の重大さを理解せしめ臣道の実践を奨めているのであるが、しかし、それを可能ならしむるためには組織が必要であり、統一されたる指導が必要である。

いつのまにか「産めよ殖やせよ」を推奨するようになっている。軍事政権に「協力」するとは、こういうことなのだろう。

市川の変化は、言論、行動だけではなく、服装にも現れているように思えてならない。一九三一年（昭和六）の満州事変のあたりから、市川の「ネクタイ姿」が目につくようになる。それ以前の婦選運動時にはなく、戦後もネクタイ姿は見られない。日本が戦時体制に入ったころから、大蔵省や内閣情報部の会議で、また各所の視察や女性団体の会合で、市川がネクタイをしている写真が複数残っている。他の女性は和服か、あるいは洋装である。今日では服装はジェンダーフリーの時代で、女性、男性の別はないだろうという意見もあるだろうが、いまなおネクタイは、男性にとって正装であると同時に、職場の戦闘服ともいえる。男社会のなかで、男性と同様の服装をすることにより意思決定層で同等の立場に立とうとした、あるいはそうありたいと思った、そんな心理があったのではないか。

戦時下、公的ポストを引き受けた理由を『自伝』でこう端的に述べる。「いわゆる国策婦人委員として、政府の行政及び外郭団体への婦人の参加を、婦人の政治参加——婦人解放への途——として推進してきた」。ポストの獲得が政治参加、ひいては婦人解放につながる、これが市川なりのロジックの組み立てであった。

市川房枝の戦争協力について資料を紐解いて指摘する鈴木裕子は、機関誌『女性展望』(一九四〇年二月)から、市川のこんな言葉を拾いあげている。「婦人の行政への参加の一つの途が開かれた」としつつも「まあ婦人も加えておけといった程度で、心から婦人の協力を期待している場合は殆《ほとん》どない」という。こうした当局への市川の覚めた目は敗戦まで一貫してありつつも「それが戦争拒否の論理と結びつかなかったのは、なぜなのだろうか」と疑問を呈す(『フェミニズムと戦争』)。

一九四二年末、「大日本言論報国会」に理事として加わる。これがのちに大きな問題となる役職である。台湾で講演旅行中だった市川は、現地で新聞をみて理事就任を知ったと『自伝』に綴っている。大日本言論報国会は、戦争に協力的とみられる評論家を内閣情報局が選んだとされている。会長は徳富蘇峰、理事は三〇人、女性は市川ただひとりであった。「内外の思想戦に挺身せんとして同会に加盟を許された思想評論家」は約七〇〇人で、うち女性は一二人、羽仁もと子や婦選をともにしてきた金子しげりなどであった。「新聞に出ていないニュースが聞けたので、隔月くらいに開かれた理事会にはなるべく出席、だまってきいていた」と市川は綴る。ただし、女性会員の人選には関与したという。

同会編纂の書籍に、市川が一九四三年に高松で行った講演録が収められている。題して「皇国の家と主婦」。日本の家は、欧米と違い先祖代々の縦の関係を重視するものであり、これを守る責任があるのが「家長」である。家長が不在がちであるいま、主婦の役割が大きいと「皇国」の家の女性の役割を説いている。

かつて家父長的な価値観に反発し、異を唱えて、女性参政権を求めた姿はいずこに——。戦後この理事を務めていたことが、公職追放の大きな理由とされることになる。

中国視察旅行後、婦選に区切りをつける

話は相前後するが一九四〇年（昭和一五）、友人の朝日新聞記者の竹中繁子《たけなかしげこ》とともに、市川は中国南部に一カ月ほど視察旅行に出かけている。南京で中国の統一新政府樹立のための中央政治会議が開かれるとのことで、それにあわせて中国通の竹中とともに訪中することにしたのだ。旅費は自費であったが、内閣情報部から紹介状をもらった。上海では新政権を樹立した汪兆銘《おうちょうめい》との面会もかない、新政権までの経緯などを聞いた。

さらに、杭州、蘇州、漢口まで足を延ばし、漢口から南京までは三日かけて揚子江をくだった。南京では、南京事件の日本軍の蛮行を聞き、「日本人としてまことに恥ずかしく、弁解の余地はまったくない。これでは日中の友好の確立は容易ではない」と深くため息を

ついた。

重い心で帰国、自分は何をすべきかを改めて問い直すことになる。決断のひとつが、長年率いてきた「婦選獲得同盟」の解散であった。戦時下にあって、女性参政権の法案提出すら憚られるなか、重い看板を背負い続けるよりも、身軽になったほうがいいと考えたのだ。かねてより立ちあげていた婦人時局研究会に調査研究を引き継ぐこととした。研究会

1940年中国行きの船上、竹中繁子と。市川はこのときもネクタイをしている

では、戦局がきびしくなるなかでも定例で専門家を招いての勉強会を続けた。「ソヴィエトにおける婦人の活動」「戦後の国際情勢」「営団経済と国民生活」などだ。

一九四一年一二月八日、ついに太平洋戦争が開戦。このとき、市川は講演先の鹿児島におり、この報にふれた。大蔵省が「百億貯蓄奨励」のために、講演のできる女性三一人を講師に選び、自治体からの要請に応じて地方に派遣するというもので、その講師陣のひとりとして鹿児島に出向いていたのだ。三、四日鹿児島の主要都市で講演をしている間に、日本軍はマレー沖海戦など、戦線を展開していった。

戦火が拡大して男子が出征していくなか、働き手が逼迫し、勤労動員の強化は女子にまで及ぶようになる。市川は、女子の勤労奉仕には賛成の意を示している。女性が担う任務で国家的に重要なものは、第一に家庭の主婦としての任務であり、第二は「男子と共に生産に参加」することだとする。女性に対する一定の保護は必要としながらも「産業戦士としての自覚を喚起する」ことが急務だという(『女性展望』一九四〇年九月)。ここでも女性の「参加」を重視する考えであった。

八王子の川口村に疎開。さつまいも畑を開墾

重苦しい戦局がつづくなか、私生活では心なごむ出来事もあった。富山から上京したミ

サオ（のち養女）と生活をともにすることになったのだ。

ミサオは富山県の農家の娘で、地元の農学校を卒業した。あるとき村役場に勤める長兄から「東京の市川房枝先生のところに手伝いに行かないか」といわれる。市川と縁のある寺の住職から紹介を頼まれたという。若いころ弁護士になりたいと家出して上京したこともある長兄は、市川の高名を耳にしており、末の妹に夢を託したようだ。ミサオは、この話にすぐに飛びついた。

一九四二年（昭和一七）二月半ば、満一六歳となったミサオは東京に向かった。はじめて市川に会ったとき「ズボンをはいていて男の人みたいだなあ」と感じたという。市川は「遠くから大変だったね。夜汽車でつかれたでしょう」とねぎらい、ひととおり挨拶がすむと、押し入れの戸をすっとあけてガス台を出して湯をわかし、お茶を淹れてくれた。生まれて初めてガスをみたミサオは目を丸くした。

夕食が終わってまず聞かれた。「きみは何をしたいのか」。東京の女学校の夜学に編入すれば、四年くらいで卒業できそうだという。「何か勉強をなさい」という。ミサオは即座に答えた。「それでは結婚が遅くなってしまうからダメです。学校には行っていられません」。市川はニコニコと「だいじょうぶだよ、まだ」と返して、「私のところに来たからには何か勉強しなくては」という。「ずいぶんと面白いことをおっしゃるなあ」とミサオは心のうちでつぶやいた。

その後、住み込みとしてもうひとり、武石まさ子が来た。そこで市川は「公民」の教科書を二人に一冊ずつ渡して、週一回朝から講義をすることにした。内容は社会のこと、国家のこと……だったと思うが、むずかしくて二人にはよくわからない。茶の間で二人が下を向いてただ話を聞いている姿を向かいの住民が見ていて、朝からしょっちゅう叱られているがだいじょうぶか、と心配したという。

市川は月曜日から土曜日まで走りまわっていて、外での会議や打ち合わせ、地方での講演などが多く不在がちだった。唯一の休日である日曜日はどこにも出かけず、自室で何か読んだり、書いたりしている。

ミサオに任せられた仕事は、午前中は家事、午後は研究所の事務の仕事などだった。新聞の切りぬきと台紙貼りも大事な仕事のひとつ。市川が赤印をつけた記事を切りぬいて、手製の台紙に貼っていく。台紙は古雑誌や新聞などの紙を貼りあわせて、全体を青いポスターカラーで塗りつぶし、一枚一枚ベランダに干して乾かす。少しでも風が吹くと大変だった。青で塗りつぶすことで、新聞を貼ったときに引き立つのだと市川は説明していた。残念ながら、この膨大な新聞切りぬきは、のちの東京空襲ですべて焼失してしまう。

日常生活では、食事に好き嫌いはなく注文は何もない。ミサオの唯一の不満は、朝晩新聞を縦に広げながら食事をすることだった。一緒に食べているのに「先生の顔が見えない」。新聞を夢中になって読んでいるので、時折箸がミサオの皿にのびてくる。「先生、それ違います」というと「ごめん、ごめん」と手を引っ込める。この食卓の習慣は亡くなるまで続いた。

食糧供給が逼迫するなか、配給の列に並ぶのも大変だった。二人前三日分でじゃがいも三個、またキャベツ半分といった具合。市川は絶対にヤミ市ではモノを買わない。故郷の暮らしを思い起こし「東京はずいぶんとお腹がすくところだなあ」とミサオは思った。ヘビースモーカーだった市川のために、煙草を確保するのにも苦労した。そのころ一日四〇本は吸っていただろうか。高い煙草は買えないから、ブルーの箱に入った一箱二〇本入りの「あかつき」という安い煙草を買うために、毎朝煙草屋の前に並んだ。一回に一箱しか買えないから、二回並ぶことになった。

戦火が東京に近づいてきた一九四四年六月、市川は疎開に踏み切る。行き先は、東京・八王子郊外の川口村である。以前講演に出向いた村の村長に「大事な書籍や資料を疎開させたい」と打診したところ、二間の離れと蔵を貸してくれる人がみつかった。トラック二台をなんとか調達して、資料を山と積んで川口村に向かった。「こんなゴミのようなチラシも必要なのだろうか」とミサオは思ったが、チラシの裏に、活動をともにした仲間のメモが残されていたりする。活動はひとりではできない、これは貴重な資料であると市川は考えて、一枚一枚大事に選り分けて川口村に運んだのである。

疎開して間もなく、ミサオは八王子の工場に動員されて働くことになる。家事など手伝うために市川家にきたのだが、あべこべに市川が「豆を煮ておいた」とメモを残して四谷に出勤するような日もあった。

休日の日曜日は、大家から借りた三〇坪ほどの土地を開墾して、野菜を育てた。畑までおよそ四キロ、歩いて片道一時間弱。もともと林だったところで、女手だけで木を切り倒して根っこを掘り起こすところから始めるのは、たいへんな重労働だった。木や根っこは、乾かして燃料にするために家に持ち帰る。トラックもリヤカーもないから、木に縄をつけて手で引っ張って運んだ。もともと荒地だから種をまいても作物はよく育たず、さつまいもや大根を何とか収穫した。

市川は、事務所のあった四谷見附でも町内会の役員を務めるなど地元の人々との交流があったが、この川口村でもまた勉強したいという若者たちのためにときおり講義をするようになる。さらに青年たちが本を読めるといいだろうと、疎開させてきた図書の貸し出しを思いつく。大家さんが庭に六畳ほどの板の間を建ててくれ、そこに本棚をつくって簡易図書館のようにして本の貸し出しをした。

疎開をしたのちも、まだ大事な資料が残っているとして、もはやトラックは手配できないので大八車で二回、図書や資料を川口村に運んでいる。

牛乳配達から切符売り、印刷業まで

ここで、婦選獲得同盟の運動資金をみておきたい。一九二七年(昭和二)末にILOを辞めてから、無収入になった市川の生活費もまたどうなっていたのか。

団体の責任者には、運動資金を確保する責任があった。一九三〇年に久布白のあとを継いでトップとなってからは、その重責も肩にのしかかった。収入源としては、まずは会員の会費。一時は二〇〇〇人くらいいたが、戦時体制に入った後半は五〇〇人くらいに減っていた。年会費一円から二円、とてもこれだけでは回らない。

資金獲得のために、さまざまな「事業」も行った。会に「代理部」という部門をおいて、物販をしてコミッションをとる。ワカメ、靴下、下着、化粧品など実にさまざまなものを扱ったが、手間と人件費ばかりかかってけっきょく手元にはわずかしか残らずやめてしまった。牛乳配達を請け負ったこともある。留学生を雇って早朝に牛乳配達をしてもらい、月末に職員が集金に回る。これもさほどの収入にはならずにとん挫する。

次に始めたのが印刷業。知人から小さな印刷機を譲ってもらったのをきっかけに、印刷ならなんとか商売になるのではと考えて、もう一台大きな印刷機を購入した。職員が手分けをして印刷の注文をとり、活字を組む。当時は原稿に合わせて活字を拾って並べてから印刷する活版印刷だった。市川も活字拾いをしたという。年末などには徹夜で年賀状の印刷をした。ところが、新しい活字を常に買い求めなくてはいけなくて、手間とコストがかかるわりには儲からず、印刷機は処分してしまった。

「切符売り」にも手をつけたことがある。芝居などの切符をまとめて安く仕入れて、販売するのだ。伝手を辿って会社を訪問して、一〇枚、二〇枚とまとめて買ってもらえないかと営業する。なかには交際費で購入してくれるところもあり、「奥さんにあげるから」と協力してくれる人もいた。一晩、一ホールすべてのチケットを扱うことができれば利益も出るだろうが、そこまでの販売力はなく、必死になって売るわりには利益がさほど出なかった。


けっきょく、おカネが手元に残るのは「寄付」である。ところが、財産を握る多くの男性にとっては、女性参政権の団体は「敵」であり、寄付をしてくれる人などみつからない。あるとき、宛先がしっかり書かれておらず、転送が繰り返された封筒が届いた。差出人は外国人の男性の名前で、開いてみると一〇〇円の小切手が入っていた。外務省の顧問をしていた男性で、新聞記事で同盟のことを知り、応援したいという。その後も何度か寄付をしてくれ、公邸に招いて食事をご馳走してくれたこともあった。

また活動仲間の女学校時代の同級生が、三菱財閥の創業者岩崎家の分家に嫁いだとのことで、あるときその使いのものがきて「どうぞ使ってください」と封筒を差し出す。中には一〇〇〇円入っていて驚いた。しかし、こうした篤志家はそうはいないのだった。

市川は、職員にはわずかながら給料を払っていたが、自身は団体から一切給料を受け取っていなかった。「運動をくいものにしている」といわれるのが、絶対に嫌だったのだ。生活費は原稿料と講演料のみ。講演料は一九三五年（昭和一〇）ごろから、ようやく手にするようになる。活動費のみならず生活費のやりくりにも頭を悩ませた。つましい生活をしていたが、万策尽きると新聞社に勤める兄や教師の姉から支援をしてもらった。

ポツダム宣言のビラを手にする

一九四四年（昭和一九）秋、東京都心への空爆が始まった。翌年三月一〇日、下町を中心とした大空襲により東京は火の海に包まれ、この日だけでも罹災者は一〇〇万人を超えるとされる。四月一三日、市川が事務所に出ていたところ、界隈の四谷一帯が爆撃音に包まれた。頭に布団をのせ、用意していた非常用リュックを背負い、事務所入り口に掘ってあった大家さんの防空壕に駆け込んだ。数十分「ドーン、ドーン」という爆撃音を聞いていたが、その音も途絶えたところでおそるおそる外に出た。目の前には火をともした蠟燭状のもの、小さな焼夷弾が燃えている。四谷のお堀向こう、現在の上智大学に近い中央線の駅のあたりには大きな焼夷弾が落ちたらしく、大きな蠟燭状の炎が立っている。

四谷見附の事務所も、その隣の木造家屋もメラメラと燃えていた。近くに落ちていた小さな蠟燭、焼夷弾の火は足でもみ消した。その夜は冷え込んでいたので、炎にあたってい たところ、夜中の二時くらいだろうか、赤坂にある知人のパン屋の主人が市川を心配して探しにきてくれた。赤坂の家まで案内されて歩いていき、あたたかな煮込みうどんをご馳走になった。このときのおいしさは忘れられない。一晩泊めてもらい、その後世田谷の知人宅に泊まり、川口村の自宅までなんとか辿りついた。

その後敗戦に向けて、戦局はさらに厳しくなる。三月末から六月末、沖縄地上戦で兵士のみならず多くの市民が命を失う。八月六日広島に、続いて九日長崎に原爆が投下される。八月八日にはソ連から宣戦布告を受けた。

七月終わりか八月はじめの暑いさなか、市川は川口村でさつまいも畑の隣の畑を開墾し、麦まきの準備をはじめていた。轟音に空を見あげると、P51爆撃機からひらひらと紙が舞い落ちてくる。拾いあげたチラシにはポツダム宣言の拙い日本語訳が書かれていた。そのときのチラシは手元に残っていないが、のちに調べたところ、日本に降伏条件をつきつけたポツダム宣言には次のような言葉が連ねられていた。

連合軍の日本本土占領、日本軍の完全武装解除、民主主義的傾向の復活……などである。このなかで「民主主義」の項目の説明には、以下のような文言があった。

「日本国政府は、日本国民の間における民主主義的傾向を強化し、復活をさせるにあたり障害となるものは排除するものとする。言論・宗教・思想の自由並びに基本的自由の尊重は確立されるものとする」

そのときは降伏することをまだ受け入れがたく、この言葉にひらめいたわけではなかったが、その意味を次第にかみしめていくことになる。

一九四五年八月一五日は、四谷信濃町にある知り合いの作家宅にいた。正午から玉音放送があると新聞ラジオで告知があり、友人夫婦とともにラジオを囲んだ。敗戦の勅命と察してはいたが、涙がほほを伝った。初めて聞く天皇の声は、低く、力がなかった。戦いに敗れた悔しさとともに、平和が訪れた安堵の気持ちもまたこみあげてきた。

私たちはいったい何をすべきか——。八月一八日まで東京の友人をほうぼう訪ね歩いては議論した。婦選運動をともにした仲間たち、戦中に言論の自由をもぎとられるなか、婦人時局研究会で毎月勉強会を欠かさなかった会員たちである。満州事変勃発からおよそ一五年、その前から数えると四半世紀以上、婦選をともにした仲間たちは、それぞれの分野で力をつけていた。戦後彼女たちは、国会、行政、労働団体、消費者団体、アカデミズム、評論界など各分野で活躍する。「婦選」は、戦後の女性リーダーらの揺籃となっていたのである。

第7章

公職追放と参政権獲得と

敗戦一〇日後、再び政府に婦選を要求

敗戦からわずか一〇日後、市川の呼びかけで「戦後対策婦人委員会」が結成された。焼け残った上原の知人宅の二階に三〇人ほどが集まり、勤労部、政治部、文化部などをつくり、それぞれ活動を開始した。政治部はむろん市川の担当で、翌月丸の内で会合を開き、婦人参政権を求める決議をまとめる。

さっそく、総理大臣の東久邇宮稔彦《ひがしくにのみやなるひこ》に陳情、「考えておきましょう」という返事であったが、さほどの動きはない。続いて日本自由党の結成に向けて動き始めた鳩山一郎のもとを訪ねる。婦人参政権を政策に盛り込むべきだと提言するためだ。ポツダム宣言のなかの「民主的傾向を復活強化し」という文言を考えると、男女平等を進めて婦人参政権も与えるべし、となるだろうと市川は考えた。「戦争に負けて、アメリカから婦人参政権を与えられるのは嫌だ。日本自ら、婦人参政権を実現してほしい」と訴えたところ、鳩山は賛成して「自由党の政策に加えよう」とうなずいた。のち新聞紙上でもその旨が掲載されたと、

市川は『近代日本女性史への証言』で語っている。

翌一〇月に、幣原《しではら》喜《き》重郎《じゅうろう》内閣が発足。最初の閣議で選挙法の改正について協議をするなか、内務大臣の堀切善次郎が選挙年齢の引き下げとともに「婦人にも男性と同等の参政権を与えよう」と提案する。堀切は戦前から市川らと公明選挙の活動をともにしたこともあり、旧知の間柄である。幣原総理はすぐに賛同し、他の大臣らも賛成の意を表して、婦選の実現が閣議決定する。

翌日、幣原はGHQのマッカーサーから呼び出しを受け、ポツダム宣言に従って速やかに日本を民主化するようにと「五大改革指令」を出される。一、女性の解放、二、労働組合の結成促進、三、自由主義教育の実施、四、秘密警察の廃止、五、経済の民主化である。第一に挙げられたのが「日本婦人に参政権を与え、婦人を解放すべし」というものだった。幣原が「いやそれは昨日の閣議で決めました」というと、マッカーサーから「僕が指示する前に、そのように進めてください」と褒められたという。

かくして一一月末に召集された臨時国会で選挙法改正が決議され、一二月一七日公布。三〇年以上に渡り格闘してきた女性参政権が、終戦からわずか四カ月ほどで実現することとなった。このとき、貴族院でも衆議院でも「女性参政権は家族制度を破壊するのではないか」「良妻賢母がいちばん、女性は家の中のことをお世話していればいい」といったあいも変わらずの発言が出たが、マッカーサーからの指令とあっては反対できない。この国会でスピード決着した。

さっそく、市川のもとに新聞社から取材がきた。記者は「うれしいでしょう、長年運動してきたから」と言ったが、すぐには「うれしい」という言葉が出てこなかった。「戦争に負けたことで与えられた」ことに複雑な思いがあったのだ。「たくさんの人を犠牲にして、参政権をもらったんだ」としばらく黙り込んだ。心のうちで思いを巡らせた。「占領軍からもらったのではなく、われわれの犠牲を払ってもらったのだ。たくさんの戦死者を出して、家を焼かれ、街を焼かれてもらったのだ。だから二度と戦争を起こさないように、一票の参政権を使うべきだ」。決意を固めて、ようやく返事をした。

「うれしいです」

一九四六年（昭和二一）四月、はじめて女性参政権が行使され、女性議員三九人が誕生したときのこと。女性議員が揃ってマッカーサーのところに赴き「参政権をいただき、ありがとうございました」と礼を言ったと聞き、市川は憤慨した。

「マッカーサーにお礼を言う方《ほう》はないんだ。婦人に参政権を与えたのはポツダム宣言によって、民主主義によってなのだ。むしろ感謝をするならば、男女平等を勝ち取った英国なり米国の女の人に感謝すべきだ」（「政治談話」）

のちに女性参政権一〇周年を祝う会に招かれた幣原内閣の堀切元大臣は、聴衆を前に「歴史を勘違いしてはいけない」と語りかけた。女性参政権はマッカーサーからの贈り物といわれているが、それは違う。幣原内閣ですでに閣議決定していたというのだ。そのとき市川は「本当ですか。そんな報道、新聞にもなかったじゃないですか」と言いながらも、うれしそうであった（「政治談話」）。

女性議員候補の獲得合戦

一九四五年（昭和二〇）、選挙法改正に先立ち、治安警察法が廃止された。長年闘ってきた、女性の政党加入（結社権）もこれにより実にあっけなく、いや晴れて認められた。翌四六年に都道府県、市町村の選挙権・被選挙権も法改正により認められて、地方自治体の女性参政権も実現する。

さっそく新しく誕生した政党の間で、女性議員候補の獲得合戦が始まった。四五年一一月から一二月にかけて誕生した社会党、自由党、進歩党、協同党が競いあうように「婦人部」をつくり、その部長として有名人の取り込みを始めた。社会党は、労働運動家の赤松常子、自由党は医師の吉岡弥生、進歩党は翻訳で知られる村岡花子、協同党はかつて市川と新婦人協会の活動をともにした奥むねおといった具合だ。

進歩党は著名な女性をつかまえるために、女性らを築地の料亭に招いて「どうぞ進歩党にお入りください」と勧誘したという。市川のもとにも招待状が届いたが、行かなかった。自由党、社会党両党からも入党の誘いがあったが、市川は「私は政治家には不向きであるし、政治教育活動のためには中立のほうがいい」と断っている。

各政党は婦人部をつくろうとしても、すぐには体制が整わない。にわかに女性政策が求められるようになったが、まだ情報も経験もない。そこで自由党からも社会党からも、市川のもとに原案策定の依頼があった。両党に案を渡したというが、市川が党に合わせてどう変えたのか、提案した案が党本部でどう書き換えられたか、詳細な記録は残っていない。

このころ市川がもっとも力を入れたのが、政治教育である。いまでいうなら有権者教育だ。終戦直後に立ちあげた戦後対策婦人委員会は二カ月ほどで解散となるが、政治部の市川を中心に「新日本婦人同盟」を創設する。この支部を地方にも広げようと、全国を飛び回った。当時、汽車の切符は予約制で、市川もミサオも切符を買うために行列に並んだ。ある日、福島の郡山から東京にもどるとき、立っているのもやっとの混みようのなか、汽車が揺れたはずみに市川のカバンが窓から外に落ちてしまったことがあった。慌てて次の駅で降りて、夜道を線路ぞいに探しながら歩いたところ、線路脇でみつけることができたが、すでに最終電車は走り去ったあとだった。その晩は駅舎で夜を明かすことになった。

市川が奔走していたもうひとつのプロジェクトは、「婦選会館」の建設だ。戦前から運動の拠点となる会館がほしいという声が仲間うちであがっていた。戦後、いよいよ運動を本格化しようというときに、「うちの敷地をお使いください」という人物が現れた。新宿中村屋を夫婦で立ちあげた相馬黒光《こっこう》だ。現在も婦選会館が建つ、新宿南口から徒歩数分の場所で、のちに土地を買い取ることになる。建設費用は約一〇万円、三二坪ほどの木造平

1946年建設中の婦選会館にて

屋の建築が急ピッチで進められた。ようやく棟あげをすませたばかりの二月ごろ、市川はここに仮住まいを始める。板で囲ってはあっても壁はない。まだ畳も入っていない床にかんな屑を敷き詰め、ムシロを敷いて寝たという。全国を飛び回るなか、八王子の川口村から通う時間はない。友人宅など点々と泊まり歩くよりはいいと考えたのだろう。しかし、二月といえばまだ冷え込みが厳しいころ。燃えるような思いがあっても、さぞかし寒かったであろう。

運動が盛りあがりを見せるなか、同盟の仲間から、一九四七年四月の参議院議員選挙に出るよう強く勧められるようになる。「私は運動のほうが向いている。政治家には向いていないよ」と繰り返していたが、参議院ならばと心が傾いた。そこで公職適否審査委員会に「公職適否審査」の申請をしたところ、なかなか返事が来なかった。占領下の当時、公職に就くためにはこの委員会の審査を経なければいけなかったのだ。

「公職追放」の解除を求め、一七万人の署名

一九四七年（昭和二二）三月二四日、審査の結果、まさかの「公職追放」の知らせが届いた。理由は戦中に大日本言論報国会の理事だったというもの。秋田の講演先で知らせを聞いた市川は、川口村の自宅に戻ってこうつぶやいた。「おかしいねえ。私が追放になるん

なら、ほかにももっと追放になる人がいると思う……でも、しかたない」。このときは淡々と話していたが、ここから三年七カ月に及ぶ、「格子なき牢獄」の日々が始まった。

GHQで女性政策を担当する米国人女性のエセル・ウィード中尉に、誰かが市川について「好ましからざる人物だ」と吹きこんだという噂が聞こえてきた。その「誰か」が、戦前運動をともにした仲間であったことも、市川を打ちのめした。

戦後日本の民主化のために、戦争に協力したとみなされる「好ましからざる人物」が、政府・民間の要職に就くことを禁止された。この「公職追放」の対象となったのは、戦争犯罪人とされた軍人、また政治家、経営者、地方有力者、教員、評論家などで計二一万人に及ぶ。追放項目のなかのひとつに「超国家主義的・暴力主義的」というものがあり、それに該当する団体とされた大日本言論報国会の理事であったことが、市川追放の理由であった。

GHQ民政局（公職追放の組織の解散を担う局）の文書のなかに、市川の追放経緯をまとめたものがある。そこには次のように記載されている。

日本の公職適否審査委員会は、市川が追放指令に該当することをGHQのGS（民政局）のネーピア少佐に報告し、こう尋ねた。「市川が女性の最初の追放者になる。GHQは女性の公職追放を望んでいるのか」。ネーピアは、「権利と罰則を含めたすべての点で、女性は平等に扱われる」と答えた。

GHQの意向を確認したうえで、委員会は市川の公職追放を決定したわけだ。ウィードに「誰か」が市川にとって不利な情報をもたらした可能性はあるが、GHQ側のさらに上層部で、追放の判断がくだされていた。男女平等のために闘い続けてきた市川は、それが実現すると今度はその平等政策のもと、公職追放された「女性第一号」となったのである。

女性団体は、もちろん黙ってはいなかった。公職追放解除を求めて、わずか二カ月ほどの間に一七万人もの署名を集めた。藤田たきが、マッカーサーに宛てた英文請願書も残されている。

市川本人も嘆願書を出している。「私が戦争中ある程度政府に協力したというので追放されるなら、よろこんで受ける。しかし『言報の有力な理事』というなら事実に相違しているし『日本国民を欺瞞誤導し、世界征服にかり立てた』覚えは絶対にない」(『私の履歴書』)。一貫してこう訴えている。

ときの総理大臣は片山哲。普選幕開けの選挙で市川が応援にかけつけたこともあり、旧知の仲である。しかし占領下、総理大臣であってもGHQの決定を覆すことはできなかった。

市川の追放解除の請願は、米国にまで広がっていた。米国のYWCAのアン・ガスリーは、マッカーサー宛に解除を願い出る書簡を送っている。マッカーサーはこれに対して次のような返信をした。

ミス市川は、大日本言論報国会の理事であった。この団体は、悪名高い超国家主義の団体として、公職追放の対象となった。この団体は日本のゲッペルスともいうべき徳富（蘇峰）を長とし、また何人かの戦犯も含んでいる。男性理事がすべて不適格とされるなか、市川だけ別基準とすることはできない。そうすれば逆に、男女平等に向けて日本の習慣や思想を見直すなかで、すでに達成できたものを無にすることになるであろう。機会の平等と同時に、責任の平等なくして男女平等は実現できない。

この一年半後、米国の女性労働局のフリーダ・S・ミラーが、マッカーサーに追放解除の嘆願レターを書いているが、マッカーサーはその返信の中でガスリーへの返事をそのまま引用して、追放解除は認められないとしている。GHQの姿勢は一貫していた。

市川の公職追放問題は、マッカーサーというGHQトップにまであがったわけだが、ここでもまた「男女平等」の考えのもと解除は遠のいた。

活動と収入の道を閉ざされて

公職を追放されると、政治家は政治活動を禁止され、評論家はペンをとることが禁じられる。市川は、新日本婦人同盟の会長を辞任。おもな収入源であった講演の道も閉ざされ、たちまち無収入となった。川口村でしばらく農作業をした後、代々木の婦選会館の前に九坪半の家を建ててくれる人がいて、そこに移った。近くの畑で野菜をつくり、アヒルや兎を飼って暮らした。なんでもアヒルは家庭ごみだけ与えていればいいと町会の回覧板で知り、それはいいと飼い始めたのだという。アヒルの卵は鶏卵よりも大きく、大味だったが食糧不足のなかではありがたかった。ただし、アヒルは家庭ごみだけでは満足せず、腹がすくとガアガア鳴いて人の足をくちばしでつついてくる。けっきょく餌を買い求めて与えなければならなかった。

自宅まわりの空き地を畑に借りて、なす、きゅうり、里芋、さつま芋、じゃが芋などを作った。野菜はよく実り自給自足できたが、市川の好きな肉を買う余裕はなかった。

新日本婦人同盟の事務所は、自宅前では具合がわるいだろうと、世田谷の知人宅に移された。ミサオはそこに通いはじめ、わずかながら給金をもらうようになったが、市川はそれを受け取ろうとせず「それは自分でとっておきなさい」という。

市川の手元にわずかに残された仕事は、『日本婦人新聞』に週一回、海外の女性事情を伝えるコラムを書く仕事だった。原稿を書くために、ミサオはたびたび『タイム』や『ニューズウィーク』といった高価な英文誌を新宿まで買いに行った。差し引きで、どれほどの金が手元に残ったのかはわからない。あるとき婦人運動についての原稿を頼まれ長文を書いたものの、出版がとりやめになったとしてすべて没となり、原稿料は入らず、原稿も戻ってこなかった。

生活はままならない。何か物販をしてはどうかと、下駄や豆炭、洗濯板、あめなどを仕入れて販売することにした。下駄は板と鼻緒を別々に仕入れて、完成品にして売る。市川は器用に鼻緒をすげたというが、仕入れたものが悪かった。下駄は安物で節だらけ、鼻緒は人絹で雨が降ると履けなくなる。たちまち苦情がきた。どれもこれも返品の山となり、市川はだんだん不機嫌になっていった。

経済的なことを考えてか、煙草はやめた。酒はもともと、ほとんど口にしない。好きなコーヒーも一杯三〇円、これも我慢をした。月一回ほどの映画がささやかな楽しみだった。新宿の伊勢丹前にある安い映画館に、ミサオとともに出かけていった。「君、日活名画座で何をやっているか、新聞をみておいてくれ」。こう頼まれたミサオが「今日いいのをやっていますと」というと、二人で出かけた。たいていは「外国もの」で「レベッカ」や「ガス燈」などを観たという。映画を観たあとはコーヒー一杯のむわけでもなく、まっすぐ家まで歩いて帰るのだが、市川の顔はほころんでいた。

毎晩、夕食後のトランプ占いにも市川は時間を忘れてのめりこんだ。トランプは追放後、藤田たきから気晴らしにと贈られ、ＩＬＯの同僚だった星野あい（のち津田塾大学学長）から占い方を教えてもらったという。カードを並べてすべて揃ったら願いごとが叶うという一人占いである。ある晩遅く、ガサガサと音がするのでミサオが起きてみると、トランプ占いをしていた市川が「やっと最後の一枚が合ったよ」と顔をあげた。

手も口も封じられた苦しさ、収入のない厳しさ、公職追放にまつわる不可解な動きから、絶望の淵に追いつめられていった。「死さえ考えたこともある」という（『私の履歴書』）。

このころ、予期せぬ客人が訪ねてきた。紀平悌子《きひらていこ》である。のちに市川の議員秘書となり、市川没後、参議院議員を務めることになる。若かりしころ作家三島由紀夫と交際していたと明かして手紙を公開し、話題を呼んだこともある。歩んできた道のりをみると、火の玉のような人である。

紀平が市川房枝の自宅を訪れたのは、学生結婚したものの夫が結核にかかり失業してしまい、学費の支払いも滞り何か仕事をしたいと考えたからだ。公職追放中とも知らずに、「そうだ市川先生だ」と天啓のようにひらめき、ハガキを出して面会を求めた。亡くなったばかりの父が「尊敬すべき、女性にはない資質をもった人だ」と褒めていたことを思い出したのだ。父・佐々弘雄《さっさひろお》は九州大学教授をレッドパージで追われたのち、朝日新聞論説委員、参議院議員などを務めた人。市川は「お父様のことはよく知っています」といい、数カ所に名刺を添えた紹介状を書いてくれた。しかし、仕事はみつからない。報告に再度赴くと、「ではここに来てみますか。でもいま現金収入がないのです」という。紀平はなぜか「それでもいい」と思った。そこから、婦選会館の書庫整理などの仕事を始める。ここから三五年近くに渡り、市川のもとで汗を流すことになる。

日給は自宅庭でとれる菜っ葉、週給はアヒルの卵一〇個、月給は五〇〇円。三カ月くらい経ったころ、無収入の先生から給料をもらうのは申し訳ないと思い「先生、いいです、お金のほうは」というと「そんなこと心配せんでいい」という。

市川に初めて会ったときの印象を「人間の位《くらい》が大きい、非常に清潔感がある。のちに一本杉と自らを表現されていたように、まっすぐな印象だった」と語る。「白髪で八〇歳くらいに見えたが、びっくりするほど姿勢がよかった」とも。ちなみにこのとき、市川房枝は五六歳。苦悩からか、このころから白髪であったのだ。

公職追放の間、世の中は大きく動いていた。

追放直前の一九四六年一一月、日本国憲法が公布された。

一四条では、すべての国民は法の下に平等であるとして、そのなかで性別による差別も禁止された。

二四条では、家制度の廃止と家族のなかでの男女平等が規定された。男女の間の「本質的平等」をうたうもので、これが日本社会に与えたインパクトは大きかった。この原案はベアテ・シロタ（当時）というGHQ勤務の米国人女性が起草した。

さらに第四四条では、参政権における男女平等が規定された。「男女平等」は、連合国軍から与えられたともいわれている。経緯はともあれ、法律上では市川が追い求めてきた平等の土台ができた。

翌四七年、教育基本法公布、男女共学・教育の機会均等が実現する。同年四月には第一回統一地方選挙が行われ、女性の町村長五人が当選。都道府県議員に二二人、市区町村議員に七七一人の女性議員が誕生した。参院選でも女性議員一〇人が誕生した。

同じ月に、労働基準法が制定され、男女同一賃金の原則が確立した。九月には労働省に婦人少年局が生まれ、日本社会党党首の片山哲総理のもと、元社会主義運動家の山川菊栄が局長に就いた。戦前に市川とは婦選を実現する方法を巡り対立した人である。

一〇月には刑法改正により、姦通罪が廃止。一二月には民法改正により、家制度が廃止された。

民主国家の建設に向けて激動の時期、市川の仕事年表は、「空白」である。どんな思いで社会の変貌をみていたのだろう。

公職追放解除、その後

一九五〇年（昭和二五）一〇月、ついに市川の公職追放の解除が決定した。その日、自宅につめかけた報道陣を前に、咲き誇るコスモスを背景に市川は写真に収まった。一輪の花を手に少しうつむきながら笑みを浮かべている。満面の笑みを浮かべるには少し照れくさい、しかしうれしくないといえば嘘になる、そんな表情である。髪はすっかり白く、なぜかこのときトレードマークの丸眼鏡はかけていない。白いブラウスにスカートという質素ななりで、かつての精力的な運動家の影はない。

しかし、三年七カ月の時間を無為に過ごしていたわけではなかった。直後に『読売新聞』（一九五〇年一〇月一七日）への寄稿でこう述べている。

私は三年半、外側から日本の国家社会、とくに婦人界の動向をじっと観察してきたが、婦人関係で特に心配していることがある。それは折角与えられた婦人解放が、また徐々に閉ざされ始めているのではないか、ということだ。もちろん行き過ぎやハキちがえの解放は訂正されねばならぬが、男女の本質的平等は断じて守らなければならない。

公職追放中も世の中を「じっと観察してきた」のである。国内だけではなく、英文雑誌を欠かさず読むことで海外の動きにも目をこらしてきた。挫折したとき、停滞したとき、どう過ごすかでその人のキャリアは決まる。市川はブランクを感じさせることなく、運動を再開した。翌年さっそく平塚らいてう、上代《じょうだい》たの（のち日本女子大学学長）らと「再軍備反対婦人委員会」を結成、ほぼ同時に売春禁止運動も始める。

ところで、市川自身は公職追放に至ったことを、どう考えていたのか。八〇代を迎え、幼少期から終戦までの歩みを綴った『自伝』の「あとがき」で、市川はこう語っている。

日本をあの大戦に引きずり込んだ直接の責任者は軍部ではあるが、軍部をしてそうさせたのは、当時の、いや明治以来の政治の責任だと思うのである。しかし、あの当時社会の表面に立ち、婦人運動を行なっていながら、毎日の新聞を見てオロオロするだけでこれを止め得ず、消極的にしろこれに協力した責任を今更ながら痛感するのである。

もっとも戦争という国民全体にとっての困難な時代に、自分だけ逃避しないで大衆とともに苦しみ歩んできたことを、私は悔いてはいない。

市川の没後、女性史の研究者を中心に、戦争とフェミニズムの研究がすすめられ、女性指導者の戦争協力責任が問われるようになる。代表的な指導者のひとりが、市川房枝である。大政翼賛に巻き込まれていく様が、資料を通してつぶさに語られたが、その一端はここまで述べた通りである。戦争のただ中にあり、信念を貫いて行動することは生きるか死ぬかの選択であった。戦中の言動を、戦後に言論の自由が許されるなかで、どこまで「告発」することができるのだろうか。三年七カ月の公職追放をもってしても、まだ償いが足

1950年公職追放解除の日にコスモスの花の前でほほえむ市川

りないのだろうか。

市川の戦中の行動から、現代を生きるわれわれが学ぶとするなら、意思決定層への「参加」の危うさだろう。はたしてトップ層の定めた方向に賛同できるかどうか。組織の方向性が誤ってはいないか。戦争という非常時にあっては、それを見極めることはむずかしい。歴史はあとから時を経て眺めることで、その意味合いが見えてくることもある。変化のただなかにあっては、渦の中に巻き込まれて、方向性の誤りに気付かないこともある。

同時に「参加」を優先するあまり、少数派である女性として利用されていることに無自覚となることもある。「名誉男性」の地位を女性にアリバイ的に与えただけで、真に指導者として女性の力を求めていないことは、今日でもなおあることだ。

いや、だからといって、意思決定層への「参加」を軽んじるわけではない。組織の中枢に入りこむことで、ときには意に沿うような「そぶり」をみせながら、じわじわと組織を中から変えていくこともできる。それはときに、門の外でシュプレヒコールをあげるよりも、変化を起こす大きな力になる。

意思決定層への「参加」の意味と陥穽を、市川は教えてくれたように思う。

第8章 無所属の参議院議員として

アイゼンハワー新大統領と会見

追放解除から二年目の一九五二年(昭和二七)一〇月、市川は米国ニューヨークのラガーディア空港に降り立った。人と車が行き交う喧騒の街マンハッタンに着くと、コロンビア大学近くのホテルで旅装をとき、午後はさっそくニューヨークタイムズの記者や特派員が顔を並べるプレスコンファレンスに出席した。

約二五年ぶりの米国訪問、心晴れやかで、のびやかな旅だった。「日米知的交流委員会」の招きによるもので、米国各地を回ったのち欧州、アジアに立ち寄る、計五カ月の旅程である。米国で女性運動や政治に関する視察を行い、時には求めに応じて講演をして日本事情を紹介する。大きな縛りはないうえに、金の心配をしなくてすむ。

同企画は、ロックフェラー財団が出資し、米コロンビア大学内にある委員会が運営するもの。知識人の交流を通して両国の理解を深めようというもので、米国からはルーズベルト大統領夫人や外交官で政治学者のジョージ・ケナンらを日本に招いた。日本からは長谷川如是閑、都留重人ら著名な知識人五人が選ばれたが、委員会唯一の女性で若手の武田清子（のち国際基督教大学教授）が「女性が一人もいないのはおかしい」と、市川を強く推した。このころになると公職追放されていたことはもはや問題にならず、戦前からの婦選運動の功績から選ばれたという。

訪米の大きな目的でもあった大統領選を草の根レベルから見て回り、選挙後には新大統領のアイゼンハワーとも会見した。この様子は、『朝日新聞』（一九五三年一月四日）にもアイゼンハワーと市川の顔写真入りで報じられている。横組の大見出しは「アイク、日本問題を語る――市川房枝女史と問答」、縦組の見出しは「自由は自らの手で――朝鮮戦乱はよい教訓」とある。朝鮮戦争の見通しや日本の再軍備などについて意見を交わした様子が報じられている。

政治の現場には精力的に足を運んだ。上下両院の本会議、委員会、また州の上下院の会議、市会議などを傍聴。議員たちとも面談し、民主党、共和党の女性部も訪れた。

市川はここで「アメリカの人たちは日本のことをよくわかっていない」ことを痛感する。日本の再軍備について「憲法第九条に戦争の放棄をうたっているから再軍備はできないのだ」と説明すると「ほう、そうなのか」「（朝鮮戦争で）隣まで火が燃えてきているのに軍備を持たないという気がしれない」という。日本と米国では軍備に関する考え方がまるで違う。日本は海の向こうにある風景の美しい国で、人が多い国といったイメージしかないと嘆息した。

ニューヨークでは国連本部も訪れた。折しも「女性参政権条約」が審議されているところで、その様子を傍聴したことも、認識を新たにさせた。実は今回米国を訪問するまで「国連そのものの存在価値にたいして期待していなかった」(『婦人有権者』一九五三年四月)。しかし、総会での様子に目を見張る。

総会では、アルファベット順に並ぶ席順のため、米国、ロシア連邦、英国等が席を並べる。米国もフランスも、キューバ、イラン、ベラルーシ、ウクライナも、大国も小国も同じ一票を投じる。最終的に条約は、ソ連圏およびまだ女性参政権を実現していない国一一カ国が棄権をしたのみで成立した。

国連の総会で、女性のみに関する条約が提案されたことは初めてであり、反対なしに成立したのも珍しいという。

市川が国連総会を傍聴したとき、まだ日本は国連に加盟をしていなかったが、条約には参加できる。いずれ日本も参加を促されるとみられているが、条約を批准しておけば、国際関係を考えると女性参政権を取りあげられたり制限されたりしないであろう、と市川は心強く思った。このとき国連で見聞きしたことが、序章でみてきた女性差別撤廃条約の批准に向けての運動にも影響したのではないか。

ところで、米国での通訳は日本でGHQに勤めていたベアテ・シロタ・ゴードンであった。ベアテは、戦後の日本国憲法で男女平等をうたう第二四条の草案をつくった米国人女性としていまでは広く知られているが、当時はまだ憲法策定の経緯は伏せられており、市川もその時は知る由もなかった。日本の女性運動の第一人者と、日本国憲法の男女平等の草案をつくった米国人女性は、米国の地で図らずも不思議な接点を持ったのである。

初めて出馬する

米国の東部、西部、南部と回ったのち、欧州に渡った。ロンドン、パリ、ボン、ベルリン、ジュネーブ、ローマとめぐり、さあこれからカラチ、カルカッタなどアジア諸都市に出向こうというときに、ローマで大使館気付の一本の電報を受け取る。

「スグカエレ、センキヨセマル」

仲間から、参院選に立候補してほしいという電報だった。予定を切りあげて市川が帰国したのが、公示を三日後にひかえた三月二一日。帰国するや、日本婦人有権者同盟のスタッフらに、本当に金をかけない理想選挙を実現できるのかどうか、問いただした。

市川は熟考の末、これまでに考えてきた「理想選挙」が受け入れられるならば、立候補を承諾してもいいと考えた。「公明選挙」は、戦前の婦選時代からの大きなテーマであった。さかのぼること二〇年ほど前（一九三三年）、東京市会（当時）で疑獄事件が相次ぎ、収監されている議員まで立候補するという由々しき事態を受けて、被疑者に立候補辞退を迫ったことがあった。さらに米国に渡る前に市川らは同志とともに「公明選挙連盟」を立ちあげている。統一地方選挙の選挙違反が急増したことを受けて選挙浄化に乗り出したのだ。「選挙は公明に——出たい人より出したい人を」というキャッチコピーを掲げて参院選に向けて大キャンペーンを始めていたところだった。「出したい人」は金のかかる選挙など出たがらない。一方「出たい人」は金をかけないと当選しないから選挙に金をかける。そこで金をかけずに「出したい人」を出そうという運動である。

さらに市川が代表を務める日本婦人有権者同盟では一九五二年（昭和二七）に「選挙費用一人分寄付運動」という一風変わった運動を始めていた。当時衆院選に出馬する候補者の選挙活動費用は、選挙区の有権者数を議員数で割った数に四円を乗じた金額とされていた。そこで、有権者は投票する候補者が決まったら、その人に切手でもいいから四円分郵送して寄付しようというものだ。公明な選挙が民主主義の基本である、金のかからない選挙が、よい議員、よい政治の礎となると提唱していた。

「市川先生、まさに出したい人が先生なのです」

支援者に詰め寄られて、市川は言葉が出なかった。ついに「東京地方区」で立候補を承諾してもいいとして、その条件を挙げた。

一、市川房枝推薦会という政治団体を結成し、推薦候補として届けたのちに、選挙運動の主体として活動する。
一、ラジオ放送以外の選挙活動をしないこと。
一、候補者は選挙費用を一文も出さず、市川の立候補を望む人が持ち寄ること。寄付勧誘はせず、ひとりから多額の寄付は受けない。
一、法律が許していても、トラック、拡声器の使用等望ましくない方法はしないこと。

この厳しい条件には、さすがに支援者らも息をのんだ。公示の前日深夜まで議論した末、市川の条件をのんで「理想選挙」を実践することになった。しかし、そんな方法では勝てるはずがない。内緒でトラックを走らせようと考えていたスタッフもいたが、市川はそんなことは許さなかった。選挙期間中、理想選挙が徹底されているか目を光らせることになってしまった、とのちに苦笑いしている。

市川は最初に参院選に出るにあたり、衆議院だったらとうてい受けられなかったとして、ラジオ演説会でこう述べている。

衆議院でしたら、必ず政党に所属し、政治家として活動しなければなりませんが、それは、私には適してはおりません。

参議院は衆議院とはちがって、衆議院の行き過ぎや、足りない所を補う役目を持っておりますので、むしろ公正な是々非々の立場に立つ無所属の方が望ましく、またいわゆる政治家でない学識経験者の方が適しております。

もっとも私はあまり学問はありませんが、経験はある程度つんできましたので、この方なら私でもあるいはいくらかお役に立てるかも知れないと考えたからでございます。


市川はこうして、無党派であることを貫いた政治家人生の第一歩を踏み出したのである。

「出たい人より出したい人」のモデルケースに

それは「奇妙」な選挙運動だった。個人演説会には推薦者が推薦の弁を述べ、市川はラジオの政見放送と選挙公報に出るだけ。運動の主軸は法定ハガキとポスターのみ。さすがに内部から「これでは勝てない」との声があがり、立会演説会三六回には市川が出ることになった。立会演説会のみ近所のタクシー会社の車を使い、その他の移動は電車かバス。選挙期間中の残りの時間、市川は婦選会館内で来訪者の「お相手」をしていたという。

奇妙な選挙運動はマスメディアの格好のネタとなり、賛否両論が起きる。「生意気だ、尾崎行雄ではあるまいし、寝ていて当選しようとはふとい考えだ」といった批判の声もあがった。しかし市川は悠然と構えていた。選挙戦後半にさしかかると、金のかからない清き正しい選挙に対する共感が、有権者の間に広がっていく。

結果は、一九万二〇〇〇票を獲得しての二位当選。集まった寄付は約四九万円であった

1953年参議院議員に初当選し、初登院する市川

が、かかった費用はわずか二六万円ほど。法定費用は約一五六万円なので一六％ほどに収まったことになる。残金でパンフレット『理想選挙の一例』を印刷して無料配布をし、さらに残った金は寄付をした。

初当選したとき、選挙を終えての感想として、第一にうれしかったことは「理想選挙の線を崩さなかったことだ」と綴っている。「出たい人より出したい人」を出すための運動で、その「試験台」となったのだという。理想選挙の実践は金のかからない選挙の「実証実験」であり、金権政治打破に向けての運動だった。政党を選ぶ意味合いが強い衆院選にそのまま適用することはむずかしいとしても、参議院議員、地方議会の首長や議員の選挙には「まねてほしい」という（『理想選挙の一例』）。

市川はその後、東京地方区で四回、全国区で二回、通算六回の参院選を「理想選挙」を貫いて戦った。東京地方区の四回目の出馬では落選したものの、その他はおおむね大勝といっていいだろう。いずれも選挙費用は募金によるもので、法定の選挙費用を遥かに下回る。ただし、その方法は少しずつ進化している。

二回目の選挙（一九五九年）では、「言論戦」はすべきだろうと、「青空個人演説会」を開くことにした。新聞社から撮影をしたいからと頼まれても、人通りの多い駅前の街頭演説はやらないと断った。「演説会」は、団地隣の公園や日本女子大やお茶の水女子大の寮など人通りの妨げにならないところ。みかん箱を立ち台として、大型拡声器はつかわずに簡易なマイクを使って演説をする。

選挙戦第一声は、新宿区の戸山アパート隣の小学校前の公園。出陣は午後一時半。二回目から移動に使うことにした乗用車、小型トヨペットの両側と前にポスターを貼って、候補者の旗を立てて行ったが、人が集まっていない。スタッフがトランジスターメガホンを肩にかついで、アパートの間で呼び込みをする。ようやく数人集まったところで、いわゆる「第一声」の演説を行った。

このように演説会は、十数人、三〇人、多い時で一五〇〇人ほど。しかし、市川にとって人数は問題ではなかった。前回、遠く離れた離島、大島にポスター数枚を送っただけなのに四〇〇票も入れてもらいながら挨拶に行っていなかったからと、スタッフの反対をおして夜行の船に乗って大島へ。横なぐりの雨のなかポスターを貼り、演説をして、午後また嵐のなか夜行便の船で戻るといった強行軍もこなしている。

1969年衆院選を前に新宿にて青空演説会。このときもみかん箱に乗る

二回目もまた、約三〇万票を得て二位当選、選挙費用は法定の五分の一であった。

まさかの「落選」。全国区に転じて八一歳で返り咲く

参院選に出馬した初回から三回までの選挙では三選三勝であったが、一九七一年（昭和四六）七八歳のとき、東京区で四回目の出馬をし、五五万票を獲得しながら選挙陣営もメディアもまさかの落選となった。紀平の目には、公職追放から解放されたのちでは最大の落ち込みように映った。暗い顔で「東京の女性は私を裏切った。だからもう選挙には出ない」と無念さをかみしめた。これが新聞記者の耳にも入ってしまった。むろんこれは「失言」である。

「敗軍の将」として体勢を立て直した市川は、敗因を冷静に分析したうえで「第四回理想選挙の記録」を残している。マンモス選挙区東京は、はじめて当選した一九五三年当初は有権者四〇〇万人であったが、四回目の選挙のころには八〇三万人と倍以上にふくらんでいた。理想選挙のやり方がだめだったのではなく、新しい支持者を運動に取り込むことができなかったと分析している。とりわけ、市川の試算によると女性票二〇〇万近くが他の男性候補者、特に若いタレント候補に回ったとみられることがつらかったという。戦前から女性参政権の運動を続け、戦後は女性に与えられた一票の行使のための政治啓発をしな

がら、東京の、特に若い女性有権者に届いていなかったと反省する。今後は引き続き理想選挙の啓発に努め、政治資金の規正法などの調査研究を続け、無所属が望ましい地方選挙、参院選に際し応援演説をすると活動方針を示している。

もしも闘いに敗れたなら、敗戦理由を冷静にかえりみて、今後の方針を明確に打ち出す。これもリーダーとして必要なことだろう。

選挙スタイルが大きく変わったのは、東京地区での初めての落選ののち、一九七四年に全国区に出馬したときのこと。八一歳を迎えようとしていた市川は政界引退を決めていたものの、菅直人（のち総理大臣）ら市民グループの青年たちに担ぎ出された。なんでも、その年の「新有権者のつどい」のもちつきで、市川が力強く杵を振りおろす姿をみて、「これはまだまだ活躍してもらえそうだ」と青年らが思ったのだという。市川は持病である糖尿病の治療は続けていたが、足腰は青年らが見込んだとおり、驚くほどしっかりしていた。

固辞する市川に対して、青年らは「立候補の届け出の『印』は（市川さんに無断で）偽造して出せばいい」とまでいい出して、葉書を配り、寄付金集めまで始めた。ついに根負けして市川は立候補を承諾する。若者らは選挙を「祭り」だとして、奇想天外な選挙活動を始める。無公害石けんを売りながら応援演説をする「移動テント事務所」、借り物のオンボロジープで宮崎から苫小牧まで日本縦断する「草の根キャラバン隊」などだ。キャッチコピーは「歩みつづけよ市川房枝」。八〇歳を超えた市川は、地方をめぐる演説に飛び回ることになった。婦選会館には、メディアで活動を知った若者たちが自分も手伝いたいと連日訪れた。

選挙当日の七月八日、「当確」は早い時刻に出ると見込んだテレビの報道陣や支援者の若者たちで婦選会館はごったがえしていた。NHK速報が「市川当選確実」を告げるや、若者たちは抱き合って喜び、大合唱。クラッカーがあちこちでポン、ポンと鳴らされた。全国区二位一九三万票で参議院議員に返り咲く。このとき寄せられた寄付は、四一八四人から計一三三七万円ほど。選挙費用約三九九万円と経費約二四六万円をひくと、約七〇〇万円が手元に残った。

多くの有権者から圧倒的な支持を得たのは、政治と金に関する国民の不満が膨らんでいたことの証左でもある。新聞各紙は、いずれも大きく報道した。

『理想選挙』の灯高々と　カンパと憤りの結晶　若者に囲まれ81歳微笑」(『朝日新聞』一九七四年七月八日夕刊)

「胸張れ〃金無候補〃市川さん青島さん　札束に勝った理想票」(『読売新聞』一九七四年七月九日)

一九七四年『朝日ジャーナル』で市川房枝と対談した衆議院議員の三木武夫（のち総理大臣）は、こう語っている。「ほとんど選挙に金を使わなかった市川さんが、全国最高点に近い得票で当選をされた。このことは、人心がこの選挙にどう反応したかということを端的に物語っている」。自民党は政治資金に関して思い切った改革をやるべきだと、このとき決意表明をしている。この後、三木武夫は金脈問題で退陣した田中角栄に次ぐ総裁として、政治浄化を進める「クリーン三木」と呼ばれ改革を進めたが、力を入れれば入れるほど、自民党内で勢いをなくしていき、政治資金規正法の改正は骨抜きとなる。市川は「理想選挙」を見事に成功させ、金権政治からの脱却を促すうえで世に大きな警鐘を鳴らしたが、政治と金の問題は簡単には解決しなかった。

六年後の一九八〇年、再び迎えた参院選は衆参同時選挙となり、再度強く請われて八七歳にして参議院全国区に立候補することになる。選挙演説で、市川は多くの聴衆を前に、力強い太い声でこう訴えた。

> 世の中はカネ、カネ、カネ、汚職はどんどんひどくなっている……政治の腐敗は、ファシズムの温床になる。もし戦争になったら、婦人の権利も、あるいは子どもの幸福も、全部すっとんでしまいます。そこでどうしても戦争の道をストップさせなきゃなりません。それにはどうしたらいいかといえば、けっきょく、政治の腐敗をなくすために、

選挙の際に一票を持っている婦人の参政権をもっとも有効に使うこと、つまり戦争に反対するような候補者、あるいはそういう政党を選ぶということが非常に重要だと思います（映画「八十七歳の青春――市川房枝生涯を語る」）。

金権政治は、恐ろしい戦争につながりかねない。戦争のつらい反省を踏まえた訴えである。結果は二七八万票を獲得しての全国区一位当選、これが市川最後の選挙となった。

第9章 「政治と金」に抗して

財布の中身、金の出入りをすべて公開

参議院議員・市川の金の出入りは、実に透明性が高かった。「どうぞご覧ください」とばかりに財布の口を開けて、全国民に知らしめようとした。議員時代は年に一回「私の国会報告」を発行し、国会や委員会での質疑応答の報告をするほか、収支を細かく記している。たとえば、一九六一年一二月に出された「国会報告」を見てみよう。

（収入、年間）

- ・歳費　一四〇万円
- ・通信手当　一二万円
- ・滞在雑費　三九万円
- ・審査雑費　一〇万六四一〇円
- ・期末手当　二四万七〇〇〇円

合計　　二二六万三四一〇円

ここから寄付、税金が引かれ、手取りは以下となる。

・寄付　計七一万八六〇五円

・所得税や地方税など税金　四〇万二九八〇円

手取りの総収入　約一一三万三〇〇〇円（月平均九万四四〇〇円）

大学卒の初任給が一万三〇〇〇円ほど、二〇二〇年の一六分の一ほどの時代である。国会議員に当選したときから、「こんなにお金はいらない」として、歳費から毎月二万円を寄付することにした。さらに歳費が値あがりすると、再選された一九五九年時の歳費の月九万円を基準額として、それを超える分を寄付することにした。通信手当が増額されたときもこれに反対し、増額分を寄付することにしている。市川自身は戦前の婦選時代、活動費の捻出には苦労をしたから、自分が寄付できる立場になったとき「さて、どこに寄付をしようか」と考えるのが楽しかったようだ。寄付先はむろん、団体名から金額まですべて公開した。六一年の報告には、婦人問題研究所一七万円、理想選挙普及会二万四六〇五円など自身がかかわる団体のほか、特殊児童援護協会一万円、南多摩農村図書館五〇〇〇円などが並ぶ（ただし歳費からの寄付は公職選挙法改正により七五年に禁じられた）。

政治と金、ジャーナリスティックな調査報道

政界全体の金の動きを明らかにする調査にも、並々ならぬ情熱を傾けた。市川がものした政治資金に関する調査レポートは数々あるが、なかでも一九六一年（昭和三六）五月の『朝日ジャーナル』に発表した「総選挙と金――一一月総選挙に見る資金の流れ」は迫力がある。のちに立花隆が『文藝春秋』で「田中角栄研究」（一九七四年一一月）を著し田中角栄を辞任に追い込んだが、「公開情報」を収集分析することで政治資金の真相に切りこんでいくものとしては、市川の調査が日本初ともいわれている。各政党首脳らの選挙収支、また政党・政治団体の選挙費用、企業や団体からの大型寄付金などを明らかにするもので記事は計一〇ページに及ぶ。

調査のきっかけは、一九六〇年一一月二五日の『朝日新聞』のある記事だった。衆議院議員選挙を終えた直後のこと、三党幹部の座談会に出席した自民党副幹事長、社会党政審会長、民社党総務局長の三氏が「こんどの選挙ほど金がかかり過ぎた選挙はなかったなあ……」と嘆いていた。

この記事をみた市川のアンテナが激しく振れた。「巷間いわれる選挙資金と実態との間に大きな乖離があるのではないか」。当時の選挙では、二当一落（二〇〇〇万円使えば当選するが、一〇〇〇万円では落選の意味、のちこれは億単位に）とも、三当二落ともいわれており、財界

は選挙費用として二〇億円ないし三〇億円を支出したであろうといわれていた。政府は二〇億円弱を選挙予算としていたが、候補者、政党、政治団体の内訳は定かでなかった。

そこで市川が着目したのは、各候補者が選挙期日から一五日以内に都道府県選挙管理委員会に届けなければいけないとされている収支報告書。二年間はこの報告書を誰でも閲覧できることになっている（一九六二年から法改正により三年公開となる）。そこで、各候補者の選挙費用については各都道府県の公報から、政党および政治団体の主なものは、都の選管で手分けして書き写して、これを整理分析した。今日ではインターネット上での公開データにアクセスしたり、パソコンの表計算ソフトで集計したりとデジタルデータを使えば難なくできる調査であっても、当時はコピーすら普及しておらず、すべて「手書き」による書き写しであった。数カ月かけて数人のアルバイトスタッフが手分けして行い、市川の指示のもとで集計をした。市川は前年に英国にひとり渡り、一〇日あまりかけて金をかけない選挙を自身の眼で確かめている。英国で見聞きしたことも参考に分析を試みた。

『朝日ジャーナル』で公開された調査データは、息をのむほど詳細かつ緻密である。「4政党および7政治団体の選挙費用一覧表」は、見開き二ページいっぱいを使って掲載されている。「各党首脳の届け出選挙費用一覧表」では、池田勇人、岸伸介、三木武夫……と個人名を挙げてつまびらかにしている。

市川は、実態を知って嘆息した。そのひとつが、選挙費用についてだ。世間では二〇〇〇万円、三〇〇〇万円といわれているのに、法定選挙費用の届け出では平均五八万一六五二円で法定の約七割である。「法の規定をみると相当厳しいのであるが、抜け穴が随所にあり、しかも励行されていない」と怒りをもって指摘する。

また、政治資金のルートも明らかにした。財界や労働組合から、各政党また政治団体へ、そして各党候補者へと金が流れる。このなかで政党への選挙寄付金が多い企業を並べた表も圧巻である。寄付総額四〇〇万円以上の企業三四社の企業名と、寄付先の政党・自民党の各派閥を明らかにした。企業から政党政治団体への寄付額は、三四社の総計が三億三八一〇万円。企業の寄付金額トップは八幡製鉄五〇二〇万円（社名は当時、以下同）、二位富士製鉄二七五五万円、三位日本鋼管二七一四万円、四位丸善石油一六五〇万円……、これに比べると金額は少ないものの、労働組合から革新政党にも金が流れている。

「自民党が財界に頭があがらない理由、自民党の派閥が繁盛している理由、社会党が総評に左右される理由はここにある」と市川は指弾する。調査を踏まえて、改めて訴えた。「政治資金規正法で、会社、団体、労働組合からの寄付を禁止し、かわりに一定額までの個人の寄付を認め、それには免税措置を講じることにしたらいい」。これが終始一貫した市川の提言である。

立法の府である国会議員であるならば、政治資金に関する改正法により歪みを正すこともできるだろう。初当選した一九五三年は、政治汚職事件が連日のように明るみに出ていたころで、初仕事として、同じく無所属の議員とともに「公職選挙法」を一部改正し「連座制」を強化する案を、参議院に提出して通している。「連座制」とは、選挙の事務局長が買収などで罰せられたとき、および出納責任者が義務違反などで罰せられたときは、候補者が当選しても失格とするものだ。

市川が次に目指したのは、政治資金規正法により、企業や労働組合、団体からの寄付を禁止することだった。改正案も用意したが、想定する一〇人の議員の賛同を得られず停頓してしまう。参議院の無党派議員ではむずかしかったのだろう。もしも提案できたとしても、自民党総裁でさえ改正法を骨抜きにされてしまうほど、政党と金の結びつきは根深い問題であった。

改正法案の提出という正攻法で戦えないなら、自身の強みを生かした闘い方がある。そのひとつが、『朝日ジャーナル』で世に問うた、政治資金に関する調査結果の公開だった。ジャーナリストのお株を奪うような「調査報道」である。事実、記事に対する反響は大きかった。

類まれなる調査力。これもまた、市川が特異な政治家であったひとつの側面である。

ロッキード事件が明るみに出るや、米国に渡る

データの収集、分析だけではない。現場を歩き、人の話を聞き、自分の目で確かめる「現場主義」という点でもまた、ジャーナリスティックな視点をもっていた。

一九七六年（昭和五一）二月、米航空機製造会社ロッキード社が日本への航空機売り込みのため政府高官に巨額の賄賂を渡したとされるロッキード疑獄が明るみに出ると、市川は翌三月、調査のために秘書を伴い米国に渡った。田中角栄がこれにより逮捕される四カ月も前のことだ。このとき、八二歳。

ひとりで真相解明の調査ができると考えたわけではない。アメリカ国民がどのような関心をもっているのかを知りたい、日本人の受けとめ方も伝えたい、そう考えての渡米だった。ワシントンの知人宅に約二週間滞在し、国務次官補、証券取引委員会の幹部、上院・下院の議員、各種団体の幹部ら計六、七〇人に会い、意見を聞いた。

ここで知りえたことのひとつは、米国では直接ロッキード事件に関係した人以外、議員でさえさほど関心がないということだった。「こんな末梢的な問題で日米関係が損なわれては困る」という。『ワシントンポスト』も「日本はロッキードヒステリー」「人のうわさも七五日」といった論調である。もうひとつ、日本での大きな反響は米国には伝えられていないことにも嘆息した。

関心の薄さの背景には、ウォーターゲート事件があった。ワシントンのウォーターゲート・ビルにある民主党選挙対策本部に盗聴器を仕かけようとした男らが逮捕された事件に、ニクソン大統領が関与しており、辞任に追い込まれた。米国ではこの事件以来スキャンダルが続き、またかという受けとめであった。市川は視察を通して、腐敗政治の改革は日本国民の責任であると、こうした政治の存在を許してきたことの反省を新たにした。その責任を果たすために、帰国後にさっそく「民主政治をたてなおす市民センター」を立ちあげている。付言すると、米国視察は市川の自費で、秘書の経費も含めると約一四〇万円の支出であった。

「運動家」として、財界トップに揺さぶりをかける

特異な政治家であったもうひとつの側面は、「運動家」として世の中を動かしていくこと。戦前の婦選運動のときから、パワーをもつ意思決定層を動かすことで、法律をはじめとする社会の仕組みを変えていく運動を手がけてきたが、今回の金権政治への切りこみでも市川は同様の手法をとっている。

一九七四年（昭和四九）、参議院に返り咲いた市川は、青島幸男議員とともに「金のかからない選挙を実行するための緊急提言」を発表。かねてより主張していた、莫大な金が動

く金権選挙を改めるには、企業や組合からの寄付を禁止し、個人からの寄付による選挙を行うべきだとする提言である。これを自ら実践して全国区に二位、三位当選した二人だけに説得力がある。二人は経団連の土光敏夫《どこうとしお》会長に面談を申し入れた。財界から政界への資金の流れを止めることが、金権政治打破の肝になると考えたのだ。この会談は、八月七日の新聞夕刊で大きく報じられている。市川は、土光会長に詰め寄った。

金権選挙をどうみるか。国民は莫大な金を出した財界の責任を追及しているが、どう考えるか。経団連はこの度の選挙で自民党から六〇〇億円ないし八〇〇億円要求され、これを企業に割り当てたといわれるが、これを今後やめるべきと考えるが、どうか……。

これに対する土光会長の答えは、驚くほど明快だった。「経団連は（自民党の政治団体である）国民協会への企業献金の割り当ては今後しない」と明言した。

このとき土光は、政治と金の関係について自らも鋭い批判をしている。

「文字通りの企業ぐるみ選挙はおかしい。企業はもちろんだが、自民党も今後これを奨励するようなことはやめてもらいたい」（『読売新聞』一九七四年八月七日夕刊）

「政治献金で特に悪いのは、自民党の派閥ごとに金が流れることだ。派閥に金を出すようなものとはつき合ってはいけない。そういうのは〝仲間はずれ〟にするようにしたい」（同記事）

経団連は直後に開かれた役員会で「国民協会に対する資金集めには協力しない」と決めた。

東京電力も、この動きに続く。取締役会で「当社としては政党、政治団体もしくは政治家個人に対して、今後寄付、会費等一切の政治献金を行わない」と決定したことが、八月一四日の新聞各紙朝刊一面トップで報じられた。さらに全国大手五電力、東京ガス、大阪ガス、東邦ガスも相次いで献金禁止を発表した。

東電の決定には、裏話がある。市川はたまたま東電の株を約七〇〇株持っていたので、政治献金をすることは違法だとして個人株主として訴訟を起こすことを考えた（市川房枝『私の国会報告』）。参考とした先例として、八幡製鉄に対して企業献金は違法だと個人株主が訴えた裁判があった。市川は『朝日新聞』（一九七四年二月一七日）の「論壇」に「政治献金に提訴を——会社の一株主として」というタイトルで投稿をした。すると協力を申し出る弁護士が現れた。東電は「市川先生に訴訟を起こされてはかなわない」と考えたのか「金権政治には距離をおく時期だ」とみたのか、その真意は判然としないが、取締役会で献金をしない決定を行った。その旨を水野久男社長が市川のもとを訪れて、額の汗をハンカチでぬぐいながら報告している。

市川が動いたことで、財界トップが動いた。それを新聞が報じて世に知られるところとなった。社会に一石を投じる上で、大きな役割を果たしたといえる。

「ストップ・ザ・汚職議員」運動

一九七九年（昭和五四）九月、衆院選の公示を受けて始まった選挙戦のなか、新潟県長岡の大通りで、白髪の女性がひとりチラシをまいていた。八六歳を迎えた市川房枝である。一枚一枚手にツバをつけながらめくっては、道行く人に差し出す。市川と気づかずに自転車で通り抜ける人もいれば、少しうるさそうに避けて通る人もいる。なかには立ち止まって受け取り言葉を交わす人もいる。

手にしていたのは「ストップ・ザ・汚職議員」のチラシ。市川らが立ちあげた「汚職に関係した候補者に投票しない運動をすすめる会」で、汚職議員の選挙区を回ってチラシや対話集会などで呼びかけていたのである。

新潟県長岡は、いうまでもなく田中角栄元総理の地盤。七六年にロッキード事件を受けて逮捕されたのちに、無所属で出馬をしていた。ロッキード事件では、田中のほか四人の議員が事件に関与していたとされながら、立候補していた。さらに七八年には米ダグラス社が航空機売り込みにあたり、日本政府高官に賄賂を渡していたダグラス事件、七九年にはグラマン社の不正支払いが発覚。ダグラス・グラマン事件で日商岩井から五億円をうけとった元防衛庁長官の松野《まつの》頼三《らいぞう》が、熊本一区から立候補していた。計六人の汚職議員の再選を止めようという運動を展開したのだ。

選挙戦終盤には、新潟と熊本二班に分かれて宣伝カーも出して、世論を喚起した。市川は熊本班に参加することになったが、出発前日、婦選会館の事務所に男性の声で一本の電話がかかってきた。「今度こそお命いただきます」。周囲は心配したが、市川は「まだまだやることがある。もう少し生かしておいてほしい」と熊本行きを決行した。熊本では地元の女性たちと膝を交えて話し合った。青空演説会では、地元メディアもカメラを向けるなか、地元の人がぐる

1979年賄賂を受け取った松野衆議院議員の地元、熊本にて「ストップ・ザ・汚職議員」を訴える

りと遠巻きに囲んだ。やや首をかしげながら、話を聞く人もいる。やはり地元の人にとっては、事件があっても頼りになる代議士先生なのだろうか。

このとき、少しユニークなキャンペーンも行っている。新聞に意見広告を出したいが、それには金がかかるとして、『朝日新聞』に募金あつめの広告を出したのである。「ストップ・ザ・汚職議員」という見出しで、衆院選にあたり「金権選挙を排除し汚職政治家を追放する運動をするにあたり浄財を募る」として一口一〇〇〇円の寄付を呼びかけた。すると二〇日強で約六六六万円もの寄付が寄せられた。この寄付金をもとに、熊本、新潟など汚職議員が出馬する地方の新聞に意見広告を出した。

選挙結果は、田中角栄は当選をしたものの前回より二万七〇〇〇票を減らした。そして熊本の松野頼三は落選した。これをもってストップ・ザ・汚職議員の運動は、ひとまず成果をだしたとして終結を宣言した。

市川が参議院に籍をおいた二〇余年の間、政治資金の疑獄事件が後を絶たなかった。造船疑獄、「国会の黒い霧」、ロッキード事件、ダグラス・グラマン事件などだ。生前の一九七五年、政治資金規正法の改正により寄付の量的制限が設けられ、規制はわずかな前進をとげる。改正が審議されていたころ、市川は次のようによく言っていたと、衆議院議員（当時）の江田五月は自著『国会議員』で語っている。

「企業献金は自由主義体制の維持費だなんて詭弁《きべん》ですよ。アメリカをごらんなさい。自分が支持する候補者のために、有権者がパーティーを開いて資金を集めて上げてますよ」

ところが、政治資金規正法が改正されたあと、皮肉なことにパーティーは金集めの主流となってしまった。政治家は、公共事業と切っても切れない関係にある建設業界への工事発注の見返りとして、企業に一〇〇枚単位でパーティー券を買ってもらっているという。

「パーティーを奨励された市川さんも、事態の意外な進展に、草葉の陰で眉をひそめておられることだろう」（『前掲書』）と、江田はいう。

その後、政治改革関連法により、政治家個人への企業・団体献金の制限、政治家が代表を務める資金管理団体への企業や団体からの献金の禁止など、規制は次第に強化されていく。これにより不正な金の動きは「小粒」になったものの、法律の「抜け穴」は多く、いまなお政治と金の問題は続いている。大きな事件が起きると耳目を集めるが、それ以外では世の関心が高いとはいえない。四〇年経ってもこんな状況か、市川が憤慨する表情が目に浮かぶ。議会制民主主義の基盤となる金のかからない選挙と政治、政治資金の透明化、市川がときに命をかけて訴えた課題は今日もなお残されている。

安保デモを深夜まで見守る

無所属議員だった市川は、党議党則に縛られることはない。自分の思うところは率直に述べた。空気を読んで、意見をまるめることなどなかった。

日米安保条約で社会が揺れるなか、体を張った発言もしている。一九五二年（昭和二七）一月、安全保障条約（旧）の発効を前に、戦争責任をとって「天皇にご退位を願いたい」という短文を残している。

私は象徴としての現在の天皇制に反対するものではない。然し多数の将兵を殺し、日本をして今日の状態に転落せしめた天皇の道徳的責任を黙殺する事は出来ない。天皇がその責任を自覚して自発的に退位されるのには、此度は最も適当な最後の機会だと思うのである。

幸い、皇太子も成年に達せられたのであるから、何の躊躇《ちゅうちょ》される理由はないと思うのである。

これは独立日本の再出発に際して、国民の道義心を振起すると共に、戦争中の軍国主義への復帰を阻止するきっかけとなるだろうと思うがどうだろうか。

（『婦人有権者』一九五二年一月）

この提言が、当時それほど大きな反響を呼んだわけではない。しかし、わずか一ページ強の文章は異彩を放っている。戦後の公職追放で苦しい思いをしたからだろうか、批判は承知でいうべきことはいおうという覚悟を感じさせる一文だ。

一九六〇年（昭和三五）、新日米安全保障条約の調印にあたり、政府は五〇〇人の警官を動員し、未明の本会議で自民党主流派のみで議決した。条約、予算は参議院の議決がなくとも、衆院議決が三〇日後に承認されるルールにのっとり、国会自然承認となった。安保阻止の激しいデモが連日国会を取り囲み、警官との衝突で死傷者もでた。

市川はこの様子を、夜を通して国会で見守り、自身のできる事を考えていた。女性団体とともに、岸信介総理の辞任を求め、国会解散の要求を行った。同時に警視総監に対して、学生への暴力について抗議をする。「少数を無視しガムシャラに数でおさえるのは暴力で民主主義ではない」（『婦人有権者』一九六〇年六月）と市川は憤った。そして有権者の投票によって変化を起こすべきだと付け加えることも忘れなかった。

一九七〇年の更新を控え、再び安保闘争が起きる。市川はここに至るまで一貫して安保条約廃棄派であった。「現条約は明らかに軍事条約であり、日本を戦争にまき込むおそれがある」（『婦人有権者』一九六九年九月）として、どこの国とも軍事条約を結ぶことは反対であり、再軍備に賛成できないと主張。六月、平塚らいてうら九人と安保廃棄のアピールを発表する。
自らの戦争責任をふまえて、戦争へつながりかねない気配を感じるや、たとえひとりでも二人でも立ちあがった。一九六〇年に著した「私の履歴書」の最後で、市川は長い運動でたえず迫害されてきたためか、あるひとつの考えをもつようになったという。やや長いが、自身のもつリーダー論としても興味深いので紹介したい。

大衆の中にいて皆と同じようにふるまっていれば悪口をいわれないですむ。しかし大衆の先に立って一つの主義主張をとなえ、行動すれば必ず悪口をいわれる。したがって指導者としての資格は、絶えず悪口をいわれ、批判されていることにあるといってもよい。もっともこの際、全部から悪口をいわれては落第で、半数？　の支持がなくてはいけない。みんなからほめられるようになることは、大衆に追いつかれ、大衆と同じ考えになったことを意味するから、もはや指導者としての役割を果たしてしまったことになる。だから悪口を気にする必要はない。悪口に対しては一応反省すべきだが、自分が正しいと信じたら邁進してよろしい。最後は事実が、時が解決してくれる……

第10章

市川房枝のジェンダー政策

七〇年代、共働き社会のモデルを模索

市川はこれぞと思う案件については、総理大臣はじめ政界トップに、たびたび「申し入れ」を行っている。佐藤栄作総理に「労働省婦人少年局廃止に反対」の意を表明するとき、また田中角栄総裁候補に「金のかからない清潔な選挙を要請」するとき、市川は椅子から半身乗り出して、相手の顔にぐっと近づいて熱弁をふるった。椅子に座った佐藤も田中も後ずさりはできないから、たじたじである。

国会や委員会でもまた、歴代総理や大臣に対して、実に迫力ある質問を重ねてきた。政治資金について、女性施策に関して、総理が防戦に回っていることが見て取れる質疑も少なくない。なかでも「名質問」といっていいのが、一九七九年（昭和五四）第八七回国会本会議で、大平正芳《おおひらまさよし》総理に対して女性と家庭に関する所見を尋ねたものだ。

「総理は、『充実した家庭は、日本型福祉社会の基礎である』、『ゆとりと風格のある家庭の実現』とおっしゃっておりますが、その内容がはっきりいたしません」

こう切り出して、雇用労働者として働く女性は、一九五〇年ごろには約三〇〇万人だったのが、一九七八年度には一二五二万人まで増加している。その三分の二は既婚者で母親が八四%を占める。家庭内にはいるけれども、就職を希望する女性は六九三万人もいる。はなはだしい変貌を遂げる家庭の実情のもとで、どのようにして「家庭基盤の充実」をはかるのか、その具体策を示してほしいと迫る。

核心をつく質問である。一九七九年に自由民主党は『日本型福祉社会』政策研修叢書を出している。家事育児、介護といったケア労働を「家庭内無償労働」として女性の仕事とすることで公的な福祉予算を抑え、経済成長を追求する福祉モデルを目指すものだ。公的な福祉費用を抑えるために政府が求めたのは、妻の家庭内労働であり、もうひとつは企業が終身雇用を前提に福祉的役割を担うこと、つまり社員の生活や老後を支える費用の負担である。日本型福祉社会とは、「男は仕事、女は家事育児」の強固な性別役割分業意識に基づき、それを推奨するものである。

1967年衆参女性議員らと、労働省婦人少年局廃止反対などを、当時の佐藤栄作首相に申し入れに

働く女性が増えるなか、こうした「日本型福祉社会」は実態にそぐわないのではないかというのが、市川の質問の趣旨である。さて大平総理は、どう答えたのか。

そういう方々（家庭の外で仕事をもつ女性）も、一日のうち半分は家庭を基盤にした生活をされているはずでございます。私どもといたしましては、この家庭がわれわれにとりまして最大のオアシスでございまして、これが充実したものでありますことは社会の基礎であると考えております。（中略）「家庭基盤の充実」（中略）その内容をどのようにつくり上げてまいるかということを、せっかくいま勉強をいたしておるところでございます。

要領をえない答弁であるが、「オアシス」となるような家庭の基盤づくり、家庭の情緒的ケアを女性に求めるものだろう。これに続く、市川の質問が会議場で笑いを誘った。

総理のお嬢さんの森田芳子さんが、『婦人公論』の二月号に、「父大平正芳のアとウの間」と、そういう題目で寄稿されておりますが、その中で「父は昔から口癖のように『おなごは勉強せんでいい、可愛い女になれ、そして早くお嫁に行きなさい』」と言っていられたそうですが（笑声）総理は、いまもそのお考えでしょうか。もしそうだとしたら、総理にはもう一つ、婦人問題企画推進本部長という職がおありになりますが、その方の資格は足りない、落第だと、こう申し上げざるを得ないんでありますが（笑声）そこで、総理の現在の婦人観、あるいは本部長としての決意を伺いたいと思います。

これに対する大平総理の答弁では、さらなる笑い声が響いた。

私が娘に対しまして、早く嫁に行けということを申し上げたのは事実でございます。（笑声）（中略）「女に学問は要らない、早く嫁に行け」という言葉は、熟しない（笑声）御批判をいただく余地が十分あると思いますけれども、父親といたしまして、早く嫁に行って、全体として女の幸せを追求してもらいたいという（拍手）父親の気持ちはおくみ取りいただけるのではないかと思います。（中略）私は、婦人は——ここに男性の方が多いようでございますけれども（笑声）男性よりは物事に誠実でございます。道義の感覚に鋭敏でございます。（笑声）とりわけ、子供をもうけるなどという手ごたえのある人生経験は、男にはできないことでございます。私は女性を尊敬いたしております。（拍手）

ただ、この社会生活におきまして、婦人と男性との平等をどうして確保していくかということにつきましては、（中略）行動計画というものを踏まえて、今後努力してまいるつもりでございます。

大平総理の答弁、そして笑いと拍手――。性別役割分業を認め、これを質す者を茶化すかのようである。一国の総理が、そうした発言をしても許される時代であったのだろう。

市川がここで指摘したのは、「日本型福祉社会」の立脚点がもはや時代に合わないものであり、根底にある性別役割分業「意識」を改めるべきではないかということだろう。大平総理からの答弁を経て八〇年代に入り、はたして市川が懸念したとおり、女性のフルタイム就業を抑制するような、男女の役割分業の固定化につながる社会保障制度、税制が次々に導入されていく。

一九八五年、男女雇用機会均等法の成立と同時に、会社員や公務員（年金二号被保険者）の配偶者には年金保険料の負担を求めず支給だけ行う、いわゆる国民年金「第三号」被保険者の制度が設けられた。続く八七年には「配偶者特別控除」制度が導入された。女性の職場進出を促しつつ、これとは対極にある主婦の「内助の功」に報いる制度を導入したのだ。

いまでも既婚女性がパートタイム就労などで一定収入を超えると、社会保険料や税金の自己負担が発生する「年収の壁」が設けられている。「たくさん働くと損をする」仕組みのなかで、就業調整をする女性が少なくない。税制・社会保障制度のなかに、女性をフルタイム就労から遠ざける仕組みが残っており、それが女性を低収入に押しとどめる一因となっている。

つまり女性活躍にアクセルをふみつつブレーキをかけ続けているのだ。このブレーキは二〇一〇年代に入り「女性活躍」の旗が振られ、二〇二二年に「女性の経済的自立」が新しい資本主義のなかで説かれても、なお続いている。二〇二〇年代を迎えたいま、共働き世帯は専業主婦世帯の二倍以上に増えているが、税制・社会保障をはじめとする社会の仕組みに専業主婦モデルが残っており、共働きモデルの社会に転換しきれていない。市川の問いかけは、男性中心の片働き社会から世の中が変わろうとするなか、変化の波頭を捉えてのものであった。その問題提起を、われわれはいまなお解決できていないのだ。

売春は人権抑圧である

「売春は女性の人権抑圧の最たるものといえよう」

市川は最晩年に監修した『日本婦人問題資料集成』第一巻人権編・売春問題の解説を、こんな一行で始めている。同巻は本文二段組全八三三ページ、うち六〇〇ページあまりを「売春問題」が占めることからも、市川がいかにこの問題を重くみていたかがわかる。売春は人権抑圧である――、この揺るぎない思いのもと、売春防止法の制定に奔走した。「売春を民主主義国家で許すことはまかりならんと、常軌を逸するほど熱中されていた」と秘書の紀平悌子は語っている。その闘いに駆り立てた理由を探るために、売春の歴史を少し振り返っておきたい。

江戸時代に確立した公娼制度は、明治維新後、国際的な人権概念の見直しを受けて成立した娼妓解放令により表向きは廃止されたが、娼妓が前借金に縛られて身を売る実態に変わりはなかった。

第二次世界大戦の終戦を迎えた三日後の一九四五年（昭和二〇）八月一八日、日本政府は驚くべき行動に出る。連合国軍向けの「性的慰安施設」を設置することを決めたのだ。米国軍人に性欲のはけ口を提供して、「一般の日本人女性」を守ろうと考えたのだ。

東京では、警視庁の要請を受けて「特殊慰安施設協会」が設立され、新聞に募集広告が出された。「衣食住および高給支給」として、前借金にも応じる、地方からの応募者には旅費も支給する、とある。終戦直後の苦しい時期のこと、「特殊慰安」の意味がわからずに応募した女性もいた。

戦後まもなくの八月二六日、東京・大森に小町園という名の「特殊慰安所」が開設されると、占領軍兵士が殺到した。しかし間もなく性病が蔓延、占領軍は慰安施設への兵の出入りを禁止して、翌年公娼制度の廃止を指令した。生活に困った接客婦が町に流れ出し、「パンパン」と呼ばれるようになったという。

表向きは、数百年続いた公娼制度はなくなった。しかし政府は公娼廃止後の制度として一九四六年に「私娼の取締・発生の防止・保護対策」を発表し、性売買を行う店を「特殊飲食店」として地域を定めて営業することを容認。警察の地図を公娼地域は赤線で囲んだことから「赤線地域」と呼ばれるようになる。ちなみに私娼地域は青線で囲まれていた。

こうした状況に対して、売春だけではなく買春も問題である、売買春自体を禁止すべきだとして「売春禁止法」の制定を訴え立ちあがったのが、市川が呼びかけた「衆参婦人議員団」だった。与野党議員が連携して「売春等処罰法案」を議員立法として出すにあたり、やはり衆議院の法制局で法案を作成したほうがいいだろうとなり、衆議院議員の神近市子が中心になり動いた。

このころ、鹿児島で起きた「松元荘事件」の一件が、市川らの耳に入ってきた。鹿児島の土建業者が公務員への賄賂として、制服の女子中高生をはじめ二十数人の娘を差し出したという驚くべき事件である。女子中高生らを弄んだ者のなかには、「地元名士」も少なくなかった。事件発覚をおそれて、もみ消しをはかった疑いもある。

国会議員の藤原道子、市川房枝、神近市子らは、これを国会でも問題として、世論を喚起。贈収賄にとどまらない、「少女売買」「人身売買」である、当然ながら児童福祉法違反であるとして、真相の徹底究明を求めた。さらに「制服の売買」は松元荘事件に留まらないこと、地域料亭の業者と警察とのなれあいによる取締の甘さがあることなども指摘した。

一九五五年衆議院議員、神近市子ら一八人は、「売春等処罰法案」を国会に提出する。売春だけでなく買春をした者も処罰すること、売春斡旋業者への処罰を重くすること、などがポイントである。男性議員の賛同者も続々現れ、議員の半数以上となる。これに対して、猛烈な反対運動が起きた。売春斡旋業者、そして売春を生業とする女性たちによるものだ。法案審議会では、売春禁止に反対する思いを縷々《るる》述べている。

赤線代表者である斡旋業者は、こう豪語した。

「自分たちは死一歩手前の女たちを救済しているのだ」

実際に売春婦として雇用され働くある女性もまた、貧困により親子心中も考えるなか、死に至らないために選んだ道が売春であると訴えた。「(売春婦ということで)処罰されるようになる、何だか罪人のような気分にさせられるが、私たちも一般社会の女性と同じ女性である」と切々と語る。このときの売春斡旋業者の反対運動は、「命の危険を感じるほどすさまじいものであった」と市川は語っている。


けっきょく法案は否決されたが、一九五六年に政府案が出され可決された。前年に最高裁で前借金契約は無効との判決が出たことも受けて、前借金契約の禁止、売春をさせることへの処罰、女性保護政策などが定められた。ただし、女性議員らが主張したような、買う者も罰する「売買春」禁止とはならないなど、十分なものとはいえなかった。

政府が法律成立を急いだ理由は、女性議員らが盛りあげた世論の影響もあったが、むしろ国際社会を意識しての面が大きかったとされる。日本は売春防止法を成立させないと、国連が採択した「人身売買及び他人の売春からの搾取の禁止に関する条約」を批准することができない。日本は売春を公認している、人権を守る文化国家とはいえないとみられることを怖れたというわけだ。序章でみた女性差別撤廃条約と同じく、ここでもまた「外圧」である。日本は、国際社会からの圧力がないと変わることができない国なのだと思い知らされる。

労働省婦人少年局の調査によると、法律が成立した直後の一九五七年、全国に推計約一三万人の売春婦がいたとされる。基地を含む組織売春は一六三四地区、業者数は三万五〇〇〇程。これだけの業者を転業させ、保護の必要な者も含め売春婦みなが他の職に就くことを支援するのは大変な難題であった。

その後も形をかえながら売春を伴う性産業はつづく。売春防止法が成立したのちも、市川はフランス、イタリア、西ドイツ、インドを視察し、売春問題を調査している。八〇歳を迎えた年には「売春問題ととりくむ会」を新たに立ちあげている。規制強化を求めて数回に渡り国会に改正案を出すも、いずれも審議未了となった。そのなかで、個室をもつトルコぶろを規制するために風俗営業取締法の改正案を出し、若干の規制強化につなげたこともあった。

風俗産業の規制にあたっても、市川はまた現場主義であった。赤線視察もすれば、風俗上よからぬとされた深夜喫茶も訪ねた。新宿歌舞伎町など一〇軒あまりを、夜一一時から深夜三時ごろまで訪ね歩いた。若い男女が抱き合う姿に「こちらがテレクサクて眼のやり場に困ってしまったが、男女は平気で姿勢をかえようとはしない」と綴っている。風俗営業を問題としたのは、そのまわりを売春、麻薬、暴力がとりまいているとみたからである。

さらに心を痛めたのが、復帰前の沖縄の売春事情である。貧困による売春、基地売春に加えて、本土からの売春観光もあとを絶たなかった。市川は返還前から沖縄を何度も訪れている。暴力団が経営しているモーテル付属のある高給クラブで、一五歳の女の子が四五歳になった母親にかわり、一晩に二〇人から三〇人の客を取らされていた。母親の前借金一五〇〇ドルを引き継いで働かされており、少女が泣いていやだと客を断ると、そのたびに三〇〇ドルの罰金を科せられるという。前借金には一割の利子がつき、減るどころかどんどん増えていく。こうした「本土の想像を超える」売春事情を伝えている。一九七〇年、本土復帰を二年後に控え沖縄にもようやく売春防止法が公布された。

市川が、鹿児島松元荘事件のころから提唱していた性犯罪からの未成年の保護は、一九九九年児童買春等処罰法としてようやく一歩進んだ。実に四五年あまりの歳月を要したことになる。

運動とは「事務」の堆積である

約三〇年に渡り傍らにいた秘書の紀平悌子は、市川の活動は「非常に緻密であった」という。まずは運動の進め方をひとりでよく考えてから、信用のできる同志とつながる。その人がたとえ党派が違っても、人柄をよく見定め、自分とともにやっていけるかを見極める。たとえば社会主義者のなかでも、赤松常子、藤原道子など人道的な思想をもつ議員たちなら組めるとして、中心メンバーを固めていく。次の段階として女性議員が団結するよう働きかける。あるいは女性団体に連携を呼びかける。そうして初めて「この問題をほっておけますか」と大勢の声とする。市川が呼びかけたことで、立場や主義主張の異なる団体、個人が連帯することはたびたびあったが、単に市川というビッグネームにみながついてきたわけではない。こうした緻密な運動の組み立てがあったのだ。

「市川学校」の生徒と称する紀平は、生徒心得第一条として「運動とは事務の堆積である」を挙げる。「正確で敏速な実務こそが運動の本体である」という市川の哲学があり、これを叩きこまれたのだ。会議記録、声明決議の起草、記者発表資料の作成、資料をとじ込む観世縒《かんぜより》まで、市川自ら誰よりも器用にこなしたという。事務所でのメモ用紙は、当然ながら裏紙を切ってつくり、用件伝票にはどう処理したか、取次伝票にはなんと返事をしたかまで書き込むように指示された。

ところで市川は、運動の組み立て方をどこで学んだのだろう。新婦人協会を立ちあげて以来、実践で身に付けたものもむろんあるが、海外の運動も常にウォッチしていた。二〇代で米国に渡り、各地で女性運動、労働運動の現場を訪ね歩いたことはすでに述べた。一九六〇年代から七〇年代にかけて、女性解放運動が盛んになったときもまた米国を視察している。いわゆる第二次フェミニズムの運動だ。一九六三年(昭和三八)に出されたベティ・フリーダン『新しい女性の創造』がたちまちベストセラーになり、女性解放を求める全米組織NOWがつくられる。さらに学生運動、反戦平和運動の流れからラディカルなグループも次々生まれていた。

市川はサンフランシスコ、シカゴ、ニューヨークを訪ね、NOWの幹部らに話を聞いている。第二次フェミニズムが若い女性の心を捉えたのは、女性の主体性の確立、男女平等、社会の再編成を求めるがゆえであろう、これが社会の底流になるとしたら重要な意義を持つと分析している。一方で、同様の運動方法が日本でも有効かというと、必ずしもそうではないとみている。海外の動きを自分の目で確かめて、日本に取り込めるものは何かと冷静に見極めていたのだ。

富士山を望む山荘で、野草をスケッチする

広々としたウッドデッキで小鳥のさえずりに耳を傾ける。そびえたつ富士の山を飽きることなく眺める。客人を迎えて囲炉裏端で談笑する。七〇代後半を迎えた市川は、富士山を間近に望む「富士山荘」で時折こうした時間を過ごすようになる。財団法人となった婦選会館の休養施設として、静岡県小山町の山間に山荘を建てたのだ。

新聞の折り込みチラシで見つけた土地は、街から二〇分ほど急こう配を上ったところにある傾斜地で、水が時々あがらなくなるという不便もあった。台所こそプロパンガスにしたが、風呂は薪でたく。そんな昔ながらの生活を、市川はむしろ楽しんでいた。客人がくると風呂炊きをかって出て、客から恐縮されながらも「いいからいいから」と薪をくべた。

八〇歳を超えて出版された自伝『市川房枝自伝　戦前編』全六二〇ページの大宗は山荘で書きあげている。緑から紅葉へと移り変わる雑木を眺めながら「ともに運動した仲間たちの名前を書き記しておきたい。運動の歴史を残す責任がある」と筆を進めた。

山荘近くで散策しながら描いた、ホタルブクロの絵がスケッチブックに残されている。繊細な筆致の鉛筆画である。はかなくも凛と咲く花から、穏やかな心持ちが伝わってくるようだ。

プライベートでは養女に迎えたミサオとの暮らしが続いていた。「議員になっても生活

は変えない」と宣言したとおり、生活はあいかわらずつつましいものだったが、家計は安定した。ときには市川の好きなステーキ用の牛肉を買い、自ら焼くこともあったという。たまの外食でもぜいたくをするわけではなく、近所の安くておいしい家庭料理の店、ライスカレーは新宿中村屋、とり茶漬けは新宿の民芸茶房すゞや、と足を運ぶのは行きつけの店だった。

朝食はいつのころからか、洋食になった。パンにジャムかピーナッツバター、野菜に卵。コーヒーはもちろん欠かせなかった。晩年には、職員から贈られた白地に青い花模様の皿とカップアンドソーサーが食卓を飾った。

身なりは変わらず質素だった。議員となってからは茶やグレーのスーツがほとんどで、近くの洋裁店で仕立ててもらうことが多かった。それも季節はずれで安くなった生地を買い求め、夏のうちに冬服を仕立て、冬に夏服を仕立ててもらう。あるとき、NHKから「和服を着て出演してほしい」という依頼があった。一張羅の和服を着て行こうとしたが、腰ひもがみあたらず、そこらにあった紐で代用した。帯は昔のくず糸のようなもので織った粗末なものが一本だけ。「いいよ、これで。羽織を着るからわからないよ」といって、それを締めて出演したという。

忙しいなかでの息抜きは、ラジオの浪曲や大河ドラマの時代劇など。多少余裕ができたからか、半蔵門の国立劇場に文楽を観に行くことが楽しみだった。「あの太ざお（三味線）

がいいねえ」と浄瑠璃の音に酔いしれた。親子の辛い別れの場面で、市川が声を出して泣いていたのを、ミサオは鮮明に覚えている。

市川は、公私ともに「シスターフッド」の人でもあった。運動では女性たちに連携を呼び掛け、私生活では友人を大切にした。

晩年、長年の運動をともにした同志を見送ることが増えた。平塚らいてう、村岡花子、山高（金子）しげり、平林たい子……など。知人を通して「あの方はもう長くはないかも」という話を耳にすると、病院の主治医を訪ねて病状を確かめてから自宅まで見舞うなど、多忙な国会日程を縫って心を尽くした。

なかでも、親しくしていた元朝日新聞記者の竹中繁子への心配りは特別だった。戦中に中国までともに視察旅行に出かけた間柄である。市川は、竹中の老後の住まいとして千葉に二〇〇坪ほどの土地を用意して小さな家を建てた。知人がひとり暮らしの竹中の見舞いに出向く際には、近所ではおいしいパンも手に入らないだろうと、青山でパンを買い求め、さらには「このツクダニはもらいものだが、うまいから」と小びんに詰めかえたもの、紅茶のティーバッグ、ホイルに小さく包んだ新茶など、こまごまと食べるものを小分けして託したという。看取ったあとは、遺産の処分をかって出た。竹中のように長年社会に貢献し、ひとり身で老後を迎える女性のために小さな老人ホームを建てたいと各所にあたったが、資金不足もあり実現しなかった。

頼りにされて、葬儀委員長を務めたり、友人を代表して弔辞を述べたり、遺産相続のまとめ役となることも少なくなかった。独身女性の相続にあたっては、遺言状がなく没後に相続人の間の係争に巻き込まれたことも、一度や二度ではない。「親も子もなく独身のまま死亡した場合、遺言状がないとまことに面倒なことになる」として五〇年以上も前から後輩に諭している。これもまた、女性がシングルで晩年を迎えるのが当たり前となる社会を先取りしての助言である。

「徳島ラジオ商殺人」の冤罪を晴らすため奔走

「ほんまに信用して心の底から尊敬しているのは市川先生なんよ。先生に対しては、ほんまに足を向けて眠れんと思うてる」

夫殺しの冤罪で獄につながれた冨士茂子《ふじしげこ》は、長年支えてくれた市川のことを、こう語っていた。ともに支援を続けた作家の瀬戸内晴美（のち寂聴）が耳にした言葉だ。冤罪により一八年もの獄中生活を送りようやく仮出所したとき、茂子は誰に対しても疑い深い目を向けるようになっていた。その茂子がはじめに心を開いたのは、市川だった。この様子をみていた瀬戸内は、「飾り気のない率直な真心のあふれた」市川の言行が、茂子の凍り付いた心をとかしていったという。

茂子の冤罪は「徳島ラジオ商事件」と呼ばれている。一九五三年（昭和二八）、徳島のラジオ店に何者かが押し入って店主を殺害した。初期捜査に失敗した警察は、住み込みの一〇代店員二人に「茂子が夫を殺すのを見た」という嘘の証言をさせて逮捕。一、二審とも有罪が確定した。茂子は無罪を訴え続けたが、これ以上裁判を続けると子どもの教育費を削ることになる、と上告を断念する。しかし茂子が服役すると、店員ら重要証人は次々に証言を覆した。「検事の誘導、強要により嘘の証言をした」と。服役中の茂子は、偽証告白を受けて再審の請求を四回に渡って出したが、すべて棄却された。

市川がこの話を耳にしたのは、茂子が和歌山の女囚刑務所にいるときだった。無実を信じた市川は、仮出獄を求めて他の議員とともに陳情を行い、さらに広く文化人に署名を集めた。初めて対面したのは、茂子が仮出所して数年東京で働いていたときのこと。静かな丁寧な老婦人で殺人犯の影などなかったと市川は綴っている（『婦人展望』一九八一年一月）。

なぜ、市川が茂子の無罪を信じ、支援に乗り出したのか。多くは語られていないが、弁護士として再審請求にかかわった角田《つのだ》由紀子の言葉に、そのヒントがありそうだ。角田によると、茂子は当時、内縁関係と呼ばれた事実婚だったという（『女性展望』二〇一四年一月）。

離婚歴がある茂子は、法律婚により幸せになれるわけではないと考えており、事実婚を選んだのであった。ところが警察は「夫との関係の不安定さに悩んでいた」「正妻になりたがっていた」というストーリーをつくりあげていった。「泣かない女」といわれた茂子は、警察にとっては扱いにくい女性だった。

角田の語りから考えるに、結婚して正妻になることこそ女の幸せという警察官の先入観、これにより固められていった冤罪に市川は怒りを覚えたのかもしれない。

東京を引き払い徳島に戻った茂子は、やはりどうしても無実を明らかにしたいと、一九七八年五度目の再審請求を出す。支援者らは再審請求には世論の喚起も欠かせないとして、「冨士茂子の無実を明らかにする市民の会」というグループを結成した。市川のほか、瀬戸内晴美（寂聴）、松本清張、北林《きたばやし》谷栄《やえ》、奈良《なら》岡朋子《おかともこ》ら、文化人を中心にした一八人である。事件を扱った映画「証人の椅子」が、開高健原作、奈良岡主演で大映より公開されており、この上映会を渋谷の山手教会で行い、本人も招いて支援者らの集いも開いた。

ところが翌七九年秋、茂子は病に倒れる。市川は、徳島の病院まで見舞いに駆け付けた。その足で、現地の弁護団、支持する会の人たちと打ち合わせ、地方裁判所や検察庁を訪ねて、「本人の命のあるうちに再審開始の決定を聞かせてあげたい」と陳情した。市川に少し遅れて病院を訪れた瀬戸内に、茂子は「市川先生がわざわざ見舞いにきてくださった」と、声も出せないほど弱ったからだで、絞り出すように語っていたという。再審決定の報を待たず、茂子はまもなく逝去。六九歳だった。

茂子の姉妹弟が遺志をついで、再審請求を続けた。翌八〇年一二月一三日、ついに再審決定書が出されることになり、市川は東京から、瀬戸内は京都から徳島に向かった。このときの様子を、瀬戸内はいくつかの短文に記している。

凍えるほど寒い日だった。市川はいやな咳をしていた。風邪をひいて熱があるのをおして、徳島に来ていたのだ。市川は重そうな厚いコートを着たまま、裁判所ロビーの階段下の椅子に、瀬戸内と身を寄せ合うようにして座り、裁判所の判決を待っていた。

二階で歓声があがり、人々がどやどやと降りてきた。茂子の姉が市川のもとに駆けより、涙で言葉も出ないまま、深くお辞儀をした。市川は「よかった、よかった」といいながら、一人ひとりの肩を抱き、やさしくさすっていた。

歓喜にわく人々が涙を流すなか、市川がぞっとするような冷静な声でつぶやくのを、瀬戸内は聞き逃さなかった。

「いいえ、まだ安心できない。検察は上訴するかもしれない」

(『市川房枝というひと』『奇縁まんだら 終り』より要約抜粋)

市川は、感情に流される人ではなかった。情に厚いが、感情だけで行動したりはしない。

心配したとおり、検察は即時抗告をした。

市川は国会の法務委員会で二度に渡り、徳島ラジオ商事件の再審請求について、法務大臣、最高裁の刑事局長らに質問をしている。まずは再審請求について、一〇年間でどのくらいあったのか、うち何割に再審開始の判決があったのか、うち無罪になった件数はどのくらいかと尋ねている。最高裁刑事局長の答えによると、一九六九年から一九七八年の一〇年間で再審請求の新規受け入れは九〇九件、うち三割強が再審開始決定とされ、再審の結果、一〇年間で無罪となった人は二八七人であったという。驚くほどの冤罪被害の人数である。データを把握して実態を明らかにする、データ主義の市川らしい質問であった。

二回目の質問の終わりをこう結んでいる。

「あんな簡単なことで十分調べもしないで一人の人間を有罪の判決にし、そうして何年も監獄に入れて、とうとう死んじゃった、まことに人権を重んじないことに実は驚いている」

これが、市川の四半世紀に渡る議員としての最後の質問となった。翌一九八一年二月に市川はこの世を去る。

長年女性問題に取り組んだ市川の最後の仕事は、冤罪の被害者を救うという人権問題だった。

男女の不平等は、根底には人権問題がある。性別や国籍など属性の違いで、理不尽に不平等な扱いを受けるのは、基本的人権の侵害である。女性運動家であった市川は、すなわち人権活動家であったのだ。

徳島ラジオ商事件のその後――。市川が没したのち一九八五年、無罪判決が出された。事件から三二年、茂子の無実の罪が晴らされるまで、実に長い歳月が流れた。

生前市川は「一人の婦人に対するこの不正に対しての同情と怒りが毎日の忙しさの中で約二〇年近く関係を続けてきた」原動力だと、綴っている（『婦人展望』一九八一年一月）。不正による被害者に心を寄せ、怒りを行動に変えていく、これを二〇年近く続けるのはたやすいことではない。市川房枝とはどのような人物であったのか、その答えが冤罪事件との闘いに凝縮されているように思う。

終章　ジェンダー平等に向けての「長い列」

ジェンダー平等に向けての「長い列」は、どのように続いているのか。序章では、国際連合と日本の女性たち、世界の女性憲法ともいわれる「女性差別撤廃条約」の批准を目指した女性たちの歴史といまを辿ってきた。

ここでは、市川が投げかけた問いに呼応した四人の女性を通して、ジェンダー平等な社会に向けて一歩一歩進んでいく歩みをみていきたい。

樋口恵子を「連帯」の場に連れ出した

日本はいま超高齢化社会に向けて、ひた走る。そのスピードたるや驚くほどで、二〇六五年には六五歳以上の高齢者は四割近くに迫る見込みだ。人生一〇〇年時代といわれるなか、シニアとしてどう生きるのか、高齢期をどんな心構えで迎えるか、多くの人が思い惑う。そのなかで評論家の樋口恵子（一九三二年生まれ、高齢社会をよくする女性の会理事長）は、自身を「ヨタヘロ期」（ヨタヨタヘロヘロ期）にある高齢者だとして、ユーモアたっぷりに生活ぶりとその心情を描き、九〇代を迎えたいまもベストセラー本を次々ものする。

樋口恵子が「老い方のひとつの指針」を初めに学んだのは、市川房枝からだったという。樋口は三〇代後半から、気鋭の評論家として注目を集めるようになる。婦選会館が発行する『婦人展望』で連載をしたり、講座の講師を任されたりしていた樋口は、四〇歳を迎えたころ、NHK名古屋が制作する市川房枝のインタビュー番組で聞き手を務めることになった。迎えの車が樋口宅、そして市川宅と回り、現れた市川をみて息をのんだ。真っ白な包帯を頭に王冠のようにぐるぐる巻きにした市川が玄関に立っていたのだ。

「先生、どうされたんですか」

駆け寄った樋口に、市川は淡々と答えた。

「昨日、階段から落ちてね。数針縫ったんだよ。でもだいじょうぶ」

名古屋までの出張もテレビの収録も問題ない。「医者はだいじょうぶだと言っている」と平然としている。

八〇代を迎えようとする市川は、わが身におきた出来事を「等身大」で受けとめていた。何が起きたかを冷静に捉えて、医師の診断に従って無理のない範囲で行動する。慌てず騒がず「それで何か文句があるか」といった風情である――「老いるコツ」はこれなのだと、樋口はこのとき学んだという。

振り返れば、樋口にとって新しい世界が拓けた節目節目に、市川そして婦選会館がたびたび登場する。

はじめは、婦選会館での婦人問題講座を引き受けたときのこと。樋口もまだ無名だったころだから、昭和三〇年代のことだ。講座が終わったあと、講師控室に受講生も集まって雑談をする機会があった。赤ん坊を連れた若い受講生がこうもらした。

「この講座に来るのも、もうこれが最後かもしれない。もうすぐこの子が二語を発するようになるから」

子どもが騒ぎ始めるので来られなくなるのではない。問題は夫である。子どもが話し始めるようになり「今日、お母さんと婦人問題の勉強会に行った」などと夫に話すようになるとたいへんだからと。夫は悪い人ではない。しかし、料理本を読んでいるぶんには何もいわないが、消費者問題の本を開いていると「むずかしそうな本だなあ」と面白くない顔をするという。

樋口は腰を抜かすほど驚いた。なんと主婦には大きな壁があるのか――。四年制の大学を出て、苦労しがいのある世界しか知らなかった樋口にとって、「婦人問題の『世間』と出会った」瞬間だった。

樋口はまた、市川のあとを追うようにして参加したグループで、評論家にとどまらず社会運動家としてのウイングを広げた。そのひとつが、「家庭科の男女共修をすすめる会」

への参加だ。

市川がことの重大さに気づいたのは、あるとき熊本県の高校の女性教師二人が市川のもとを訪ねてきたときのことだ。

「高校の女生徒が結婚して家庭に入ることだけを夢みて勉強しない」

こう聞いて、愕然とした。中学、また高校で、戦前の良妻賢母を育てるような教育が行われているのではないか。教師と話すなかで、家庭科の女子のみ必修は性別役割分業意識をより強めることにつながり、女性の社会参加を後退させているのではないかと考えた。家庭科が女子のみに課せられようとしたときに、強く反対すべきであったと反省した市川は、そこから動き始めた。市川は樋口恵子や家庭科の教師らに声をかけ、一三人の世話人とともに「家庭科の男女共修をすすめる会」を一九七四年（昭和四九）に立ちあげた。世話人のひとりとして声をかけられたとき、樋口は四〇代はじめで下から三番目の若さであった。市川とともに名を連ねたことがうれしかったという。

市川が家庭科の「男女共修」になぜこだわったのか。ざっと家庭科の歴史を振り返っておきたい。大正期から昭和初期にかけて、天皇制のもと家制度の維持のため女性の家庭での役割が強調され、家事・裁縫の教育に力が入れられる。第二次世界大戦終結後、日本国憲法で男女平等がうたわれるや、一転して民主国家の担い手を育てるため、家庭内の仕事や家族関係について学ぶ家庭科が小学校で「男女必修」となる。ところが、戦後復興期を終え高度経済成長期を迎えると「男性は仕事、女性は家庭」という性別役割分業で経済成長を遂げようと、国も産業界も、ケア労働を女性の無償労働とする仕組みを導入していく。こうした流れのなか、一九五八年から中学の「職業・家庭科」が「技術・家庭科」に変更されて男女別学となり、男子は技術科、女子は家庭科を学ぶことになる。さらに一九七三年から高校の家庭科が「選択」から「女子のみ必修」となった。つまり、「家庭科の女子のみ必修」は、性別役割分業をもとに成長を追い求めるための国策であったのだ。

市川らは、これに異を唱えて立ちあがった。「新しい教育課程に家庭科男女共修を盛り込ませること」を目標に、会は活発に動き始める。教育課程審議会、文部省、各政党、婦人問題企画推進本部、東京都などを訪問しては、家庭科共修の必要性を訴えた。市川は国会の予算委員会で二度に渡り永井道雄文部大臣に質問をしている。樋口もまた「家庭科は人間らしく人間とともに生きる力をつける教科である」と共修の意義を説いて論陣を張った。

折しも、国連が一九七五年を「国際女性年」とすることを決め、女性問題が盛りあがっていた。問題提起は大きな波となり、マス・メディアもたびたびとり挙げるようになる。『家庭科、なぜ女だけ!』に残されている活動歴には、こんなエピソードがある。

七五年にＮＨＫが「奥さんごいっしょに」という番組で、「男の子と家庭科」「家庭科の男女共修について」を二日続けて特集したときのこと。賛否の声が寄せられた。

「男の子が刺しゅうをしたり雑巾を縫ったりしているのを見るのがイヤだ」

「男と女とせっかく分かれているのに男に女の領域を侵されたくない」

この番組をみていた中学三年生の女子が、こんな感想をもらした。

「私だって男子が勉強していることを習いたい。ラジオをつくったり、台をつくったり。男子は男子で調理の学習をしたいと思っていると思う」


世論は盛りあがった。しかし、政府は「性別役割分業」を固く守ろうと根強い抵抗を続けた。教育課程審議会の委員らは、次のような反対を唱えたという（『前掲書』）。

「現在では女性が家庭の中心。教育は社会の現状をふまえねばならぬ」

「戦後の不十分な女子教育が今日の無責任な母親を生んでいるのではないか。母性教育をしっかりやらねばならない」

「女子の特性が社会的に認められてきたからこそ、家庭科は女子教科となったのだ」


序章で述べた通り、女性差別撤廃条約の批准にあたっても「家庭科の女子のみ必修」は改めるべき点として俎上に載っていた。条約では「男女同一の教育課程」を求めていた。

文部省は条約批准を実現するためようやく重い腰をあげ、男女共修とする方針を示した。学習指導要領に反映されたのは一九八九年、中学校は一九九三年から、高校は一九九四年に、家庭科男女共修がようやく始まった。男女雇用機会均等法と同じく、家庭科の男女共修もまた、条約という「外圧」があったことで実現したのである。

その後、家庭科の「女子のみ必修世代」と「男女共修世代」との間には、価値観に差があることが、いくつかの研究で明らかにされている。小学校から高校まで通して家庭科を男女共修で学んだのは、一九九六年以降に高校に入学した世代である。

中西雪夫（佐賀大学教授）は一九九〇年と一九九八年に、家庭科男女共修がどのような価値観の変化をもたらすのか、高校生、社会人の男女に精緻な調査分析を行い、男女共修は共学の高校男子により大きな影響を与えたことを明らかにした。「男は仕事、女は家庭を守るべき」に反対する男子高校生は、家庭科履修前は三四％だったのが、共学校では履修後に五〇％と大きく膨らんでいる。このほか、多様な家族形態を受け入れる、「男らしく・女らしく」という子育てを否定する、男性の家事参加を肯定的に捉える、夫婦で話し合い別々の姓を名乗る、といった項目でも、いずれも伝統的な価値観を否定するようになったという（「男女共通必修家庭科の実施が高校生の家族・保育に関する意識に与えた影響」『日本家庭科教育学会誌』）。

家庭科の「男女共修世代」は、明らかに上の世代とは価値観が異なる。一九八一年生まれあたりから、ジェンダー規範が一気に薄れていく。市川や樋口らが、家庭科男女共修こそ社会を変えるカギになると唱えた問題意識の的確さが証明されたことになる。

さて市川の働きかけにより、樋口が新たな活動の場を得たグループがもうひとつある。「国際婦人年をきっかけとして行動を起こす女たちの会」（のち「行動する女たちの会」に改称）である。ある日、参議院議員の田中寿美子から電話がかかってきた。

「アメリカでは国際婦人年を控えて女性たち自身の手で運動が高まっているのに、日本では政府と既成団体の話ばかりで、女性主体で市民が集う動きがない。市川房枝先生とも相談しているのだが、新しい活動を担う女性が一度集まってはどうか」

樋口は、知人の評論家の吉武輝子《よしたけてるこ》や俵萌子《たわらもえこ》らに電話をかけた。「国際婦人年を前にみなで話し合いたい。市川房枝さんの婦選会館に来てほしい」。一九七五年三月、婦選会館の会議室にあふれるほどの女性が集まった。市川房枝、田中寿美子はうれしそうな表情を浮かべていた。集まったのは国会議員、ジャーナリスト、アナウンサー、弁護士、教員、公務員、主婦、学生など、一〇代から八〇代まで。

「市川先生と田中先生、お二人の大先輩は、多様な世代、立場の女性を『連帯』の場に引き連れてくれた」

樋口はこう語る。とくに市川は、無所属のため党派の制約なく、幅広い人を集める上で大きな力をもっていたという。

会員らは、職場、家庭、メディア、司法など、さまざまな場面で日々男女差の壁にぶつかっており、くすぶっていた不満が噴出した。職場ではなかなか男性と同じような仕事をさせてもらえない、家庭で家事を担うのは依然として妻ばかり……、こうした怒りを「行動」に変えていった。なかでも話題を呼んだのが、メディアにおける女性差別の告発だった。

行動のはじめとして、メディアのなかでも大きな影響力をもつNHKへの申し入れを行うことになった。その様子を活動歴をまとめた書籍『行動する女たちが拓いた道』にみてみよう。

一九七五年九月、市川房枝、田中寿美子ら一二人がNHK小野吉郎会長を訪ね、二七項目からなる要望書及び質問状を手渡した。

「ニュース担当は男性ばかりだが、男女のアナウンサーが担当してほしい」

「ドラマの女性像は家庭的で従順なイメージが強すぎるのでもっと積極的な姿勢の女性や、家庭や職場で悩んでいる姿を描いてほしい」

「成人女子に対して『女の子』というのはやめてほしい」

「(NHKでは)採用、昇進、管理職への登用等に男女差はあるのか、あるならばその理由を示してほしい」

といったものだ。

迎えたのは、小野会長はじめ男性五人で黒ずくめ。質問に対して、男女差別はしていないと繰り返した。

「女性カメラマンも以前にはいましたが、カメラが重いということで女性のほうから配置転換を求めてきました」

「『ニュースセンター九時』の磯村君よりすぐれたキャラクターの持ち主はいまのところいません。すぐれた女性が出てくればもちろん使いますよ」

「女性の場合は転勤をいやがりますのでねえ」

後日、さらに文書で回答がきた。

「ニュースを担当しているアナウンサーは二〇〜三〇年のキャリアをもち、内外の動きに精通した『ニュース専門家』です。これらのニュース・アナウンサーはニュースの他に、いろいろな報道番組、泊まり、早朝、深夜勤務による定時のテレビやラジオのニュース、国際放送など幅広い業務を担当しています。(中略)きわめて自然な形で男性アナウンサーになっているものです」

この答えを受けて、会員はさらに怒りを募らせた。女性にも幅広い業務を経験させて「ニュース専門家」として育ててきたのか、平等な機会を与えてきたのかと。この一件は、週刊誌などでも面白おかしく報じられた。「あの参議院議員の市川が、若い女たちにのせられてNHKに乗り込んだ」「嫁き遅れの有名人の女たちがNHKに異を唱えた」といったものだ。しかし、市川は決してひるむことはなかった。(要約抜粋)

「行動する女たちの会」は、ハウス食品のインスタント麺のテレビCM「私つくる人、僕食べる人」に対しての抗議でも知られている。男女の役割分業を固定化するので、中止してほしいと申し入れたのだ。これを受けて、ハウス食品側は放映開始からわずか一カ月でその中止を決めた。『朝日新聞』(一九七五年一〇月二八日)はこれを「〃差別CM〃やめます女性の抗議に〃降参〃」と六段の記事で大きく報じた。

樋口もまた、三和銀行(当時)の週刊誌広告に異議申し立てをしている。二人目の男の子が生まれたら天引き貯金を始めましょうという広告で、キャッチコピーは「でかしたまた男」。一九七〇年代当時、男子願望がまだまだ強い時代で、男子が生まれたら「でかした」、女子が生まれたら「なんだ女か」といわれることも少なくなかった。

樋口は、これを見逃さなかった。三和銀行に抗議の電話をかけたところ、「どなたさまですか」「樋口です」「どちらの支店ですか」と聞かれて答えたところ、「あの評論家の樋口先生か」と慌てた三和銀行と電通の担当者が飛んできた。

「『でかした　また女』という広告でも作ったらどうですか」

樋口がこう言ったところ、「そんな広告出したらマンガです」と電通社員は苦い顔をした。このとき活動をともにした仲間たちとは「ああ、おもしろかった。生まれ変わったらまたやろうと声をかけあっている」と樋口はいう。

樋口を新しい世界に誘った市川だったが、一方で、四〇歳ほど下の樋口を頼りにする場面もあった。選挙の度に樋口に応援演説を頼んでおり、ときには市川本人から電話をかけてくることもあった。樋口は時代を見る目がたしかで、人物の美点を一言でいい表したり、世相をユーモアに包んでネーミングしたりと、言葉のセンスが抜群で聴衆をひきつける。応援演説では、「市川先生は、いつの時代も女性たちと手を携えて進んできた」「日本の女性政策をつくってきたのは市川先生」「生活感覚の鋭さでは右に出る人がいない」と、みかん箱の上に立って熱く語った。続く市川にマイクを渡して、みかん箱を何度交代したかわからない。

樋口の活動の原点は、男女差別をなくすこと、女性の人権が守られる社会づくり。既存のシステムの歪みに切りこむことだ。男性中心に作られたシステムに対して、女性の側から鏡のように反対の側面から映し出し、バランスの取れた社会の在り方を問い続けてきた。市川とその仲間たちに敬意を払いながら、樋口はいまもペンを執る。

堂本暁子が学んだ数字の重み

樋口と同じ歳の堂本暁子《どうもとあきこ》もまた、市川の言葉に目が覚める思いをしたことがある。堂本はＴＢＳの報道記者を経て政治家に転じた。

報道記者時代の一九八〇年（昭和五五）、ベビーホテルの法規制について相談に行ったときのこと、市川の助言が大きく一歩踏み出すきっかけとなった。

そのころ堂本は、全国に乱立するベビーホテルの実態を、ＴＢＳの夕方のニュース番組で週一回伝えていた。きっかけは若い主婦からの一通のハガキだった。「ペットホテルみたいに、最近、子どもを預かるベビーホテルがはやっていますが、取材してください」というものだった。規制のない無認可の子ども預かりで、目にあまる実態があるのだという。そこから堂本たちがベビーホテルを訪ね歩く日々が始まった。

ベビーホテルのなかには、二四時間営業、長期預かりをするところもある。そのなかのひとつ、京都東山にあるベビーホテルを訪れたとき、異様な光景を目にした。

午後三時ごろ、くたびれたシャツを着た男が、戸板にトタンを打ち付けたバラック小屋のような建物の入り口に、大きな南京錠をかけて出かけていく。中にいる子どもが外に出ないようにするためだろう。男は近くの草むらにとめてあったマイクロバスを出して、夕方からの仕事のために子どもたちを預ける親のもとに迎えに行く。三時間ほどのち、子ども一〇人を乗せたバスが戻ってきた。

草むらにバスが泊まるや、子どもが次々に飛びだしてきた。やおらパンツを下ろし、ところかまわずしゃがみこんでオシッコを始めた。保育所内にトイレがないのだ。

男に取材を申し込んで室内へ。階段下の一階のじめじめした暗い三畳間で赤ちゃんがひとり泣いていた。子どもたちは急な階段を、両手を使って梯子のように上っていく。二階にあがると八畳間、留守番をしていた長期滞在組の四人を含め、計一四人の子どもがここで過ごす。部屋の隅に便器と尿瓶、その横に電気釜があり、床には子どもたちのご飯茶碗がごろごろと転がっていた。

ベビーホテルは安全、教育、衛生面で大きな問題を抱える。危機感を抱いた堂本は、厚生省の担当課長を訪ねて、行政として手を打つべきだと訴えたところ「子どもを預けてテニスをしたり、海外旅行をしたりするような親に公金は使えません」という答え。

しかし、実態は違った。七〇年代から八〇年代にかけて、女性の労働形態は多様化した。かつて男性職場とされたところで夕方六時、七時まで働く女性も現れる。依然、幼い子を抱えながら夜の仕事に就く女性もいる。一方で認可保育園は朝八時から夕方五時までの預かりであった。子育て中の女性の労働の量、質が大きく変化して保育ニーズも様変わりするなか、保育行政が対応しきれていなかったのだ。

ベビーホテルの報道に対する反響は広がり、新聞でも取りあげられるようになり、社会問題として認知されるようになる。児童福祉法を改正して、行政の調査指導が行われるようにするべきだと、堂本は考えた。どうすればいいのか——、考えあぐねた堂本は市川房枝のもとを訪ねた。

ベビーホテルの映像を見せられて、市川は驚いた。

「国会を動かそうと思ったら数字が大事。調査をなさい」

法律を変えようと思うなら、その根拠となるデータをとる必要があるという。そしてこう続けた。

「これは政治家の責任。政治家に現場を見せなさい」

「私をベビーホテルに連れていってほしい」

市川の鋭さ、そして現場を見たいという姿勢に堂本は驚いた。まずは国会を動かすためにデータを取ろうと、堂本はさっそく動いた。

日本社会事業大学の学生に依頼して、ベビーホテルでの聞き取り調査を始めた。学生が保護者や保育士に扮して五〇〇票もの調査票を集めた。その結果「九七％の保護者が仕事のためにベビーホテルを利用している」という実態が浮かびあがった。

市川が助言したとおり、データが国会を動かし、予算委員会で各党から質問が相次いだ。厚生省もついに動いた。テレビでベビーホテルのキャンペーン報道を始めて一年三カ月という異例の早さで、一九八一年六月の通常国会で児童福祉法の改正が実現し、無認可の預かり施設に対する行政の立ち入り調査権が認められた。それを見届けることはかなわず、市川は同年二月に逝去した。

市川を現場に案内する約束が果たせないまま、出張先の中国で市川の訃報にふれた堂本は、偉大な先輩を失った喪失感に立ちすくんだ。女性がどのような分野であれ、声をあげて活動しようとするとき、社会の壁に阻まれてきた。市川は今日よりはるかに困難の大きかった戦前から、立ちはだかる壁に果敢に挑戦して、身をもって後輩たちに道を示してきた。毅然としたひるまない姿勢が、どれほど多くの女性に勇気を与えたことか。

その後、堂本は日本社会党の土井たか子からの再三の出馬要請に応え、一九八九年に政治家に転じ、参議院議員を二期一二年、千葉県知事を二期八年勤めた。二〇年の政治キャリアをもつ堂本に、市川が参議院で党無所属であり続けたことをどう思うか尋ねてみた。

「無所属の価値は限りなくある」

落ち着いた口調でこう言い切った。選挙では、そもそも政党のバックアップがなく、基礎票も経済力もない無所属候補は「泡沫」でしかない。そのなかで市川はみなに推されて立ち、無所属で「ひとつの旗印」となり、党ではなく個人に対する圧倒的な支持を得て当選を続けた。政党に縛られることなく「孤高の人」として国会でも存在感を放った。

堂本がいま憂うのが、市川亡きあと四〇年以上を経ても、政治分野でリーダーシップをとる女性がなかなか増えないこと。国会議員のみならず、地方自治体の議員や首長もいまだ男の世界である。市区町村長の女性割合は約二％（二〇二一年一二月現在）。戦後七五年以上経つなか、女性の都道府県知事はわずか七人しか誕生していない。女性だから女性の政策を進められるというわけではない。政治家は男であれ女であれ、男女共同参画を進めるべきだ。しかし女性の政治家には自然に女性の視点がにじみ出る。

「政治家の半数を女性が占めるようになると、日本は変わる」

これが堂本の願いであり、市川が思い描いた光景でもある。

辻元清美の政治家としての「源流」

市川房枝に導かれるようにして、国会議員になった女性がいる。一九九六年（平成八）、三六歳で議員となった辻元清美である。議員歴は四半世紀を超える。予算委員会の議員質問で総理に対して「ソーリ、ソーリ、ソーリ……」と鋭く切りこむ姿を知らない人はいないだろう。

二〇二一年秋の衆院選で敗れた辻元は、翌年の参院選で返り咲いた。永田町にそびえ建つ参議院議員会館に、辻元を訪ねた。黒いパンツスーツに襟元まで律儀にボタンを留めた白いシャツ、襟に深いえんじ色の議員バッジをつけて現れた。市川房枝との出会いを尋ねると、深く頷いて落ち着いた声で語り始めた。

小学生だったころ、ある日母親から一冊の本を渡された。

「清美、これ読んでみ」

偉人のシリーズ本の一冊、市川房枝の伝記だった。商売を営む両親は日々時間に追われ、本を読む姿を見たことはない。そんな母が初めて買ってくれた本だった。

「すごい女の人がいるんだなあ」

感嘆した。しかし、そのときはまさか同じ政治家の道を歩むことになろうとは思いも寄らなかった。いまになってみれば、母の思いがわかる。店を営む父親は、洋服店、クリーニング店の集配など、商売に失敗してばかりで、母親は苦労をした。清美が五歳のころ、母親は「手に職つけたい」と美容師の資格をとる。すると今度はまわりから「女がしっかりし過ぎると、男はだめになる。女はもっと男に頼らなあかん」といわれた。

理不尽な思いに涙をのんだ母親は、清美にこういい聞かせた。

「女も自分で食べていけるようにならなあかん。そのためには勉強しなさい」

清美自身、幼いころから「あんたが男だったらよかったのに」とまわりから何度言われたかわからない。小学校六年生のときには、早くも身長一六〇センチと大柄だった清美は、「男に負けないように体を鍛えよう」とさえ思った。

経済的に厳しい家庭に育ちながらも、清美は中学受験をした。奈良教育大学附属中学に挑戦して見事に合格した。そのころ、父親の商売の失敗で、奈良の山奥にある親せき宅に母親と身を寄せていた。そこから清美は片道二時間半かけて中学に通った。母親は大阪まで片道二時間かけて通い、美容院で働いて家計を支えた。

その後両親は名古屋でうどん店を開くことになり、名古屋に転居。名古屋大学教育学部附属高校に進んだのち、大学は早稲田大学に進学。

一九八二年、代々木公園で「反核ロックフェス」に参加したとき、運命的な出会いがある。衆議院議員の土井たか子が、Tシャツ姿でチラシをまいていたのだ。日本社会党の党首に就く前のことだったが、一目で土井たか子だと気づいた。次の瞬間、こう思ったという。

「あっ、市川房枝さんにつながる人だ」

友人とランチをとりに出ると、なんと目の前に座っていたのが、先ほどの土井たか子。土井や秘書らと言葉を交わすことになる。

「アジアの女たちの会というものを開いているんですよ」と秘書がいう。

「私もその会に入れますか」と尋ねると、誰でも入れるという。そうして訪ねたのが、永田町の衆議院第二議員会館にある、土井たか子の事務所だった。

「若い女性もがんばらなきゃね」

土井たか子からかけられた言葉をいまも覚えている。

辻元は大学卒業後、学生時代に立ちあげた国際交流団体ピースボートの活動を続ける。「過去の戦争をみつめ未来の平和をつくる」をスローガンに、仲間とともにアジアをはじめ世界各国を船で巡り地元の人と交流した。活動の原点は、中学三年生のときに友人から借りた小田実の著書『何でも見てやろう』。このときから、平和活動に関心をもっていたのだ。ピースボートでの専従の月収は一〇万円ほど。それだけでは暮らしていけず、家庭教師をしたり、週末に結婚式のアルバイトをしたりして生計を立てていた。それでも世界を巡る活動にのめりこみ、地球を何周もした。

三六歳を迎えたある日、土井たか子から突然電話がかかってきた。

「女性の国会議員を増やしたい。清美さん、一緒に政治を変えましょう」

衆議院議員選挙への出馬要請である。思いもかけないことで驚いた。悩んだ末に、名古屋でうどん店を営んでいた母親に相談をした。

「土井さんのような立派な方からの要請を断ったらダメ。お受けして、市川房枝さんや土井さんに続く仕事をしなさい」

力強い言葉が返ってきた。この言葉に背中を押されて出馬を決意する。選挙戦では、母は街角でのビラ配りに始まりさまざまな雑用を引き受け、裏方として支えてくれた。

一九九六年、衆議院議員に当選して初登院した辻元は驚いた。

「男、男、男ばっかりやんか！」

いろいろな会合の受付では「秘書はあちら」といわれる。「私は議員です」というと、不審そうな目で見られた。

議員となりさっそく取り組んだのが、NPO法（特定非営利活動促進法）、被災者生活再建支援法、そして男女共同参画社会基本法の制定である。男女平等な社会づくりに向けての法律であり、「その源流は、女性差別撤廃条約にある」と辻元はいう。序章で述べた通り、市川房枝が晩年、批准に向けて情熱を傾けた条約があったからこそ、男女雇用機会均等法の成立という流れとなり、DV（ドメスティック・バイオレンス＝家庭内暴力）やセクシャル・ハラスメントを禁止する法律も生まれ、大きな流れとなった。

「最初に無から有を生み出す、水滴を集めて源流をつくった人には頭が下がる」

辻元はその後、民主党政権時には国土交通副大臣を務めて日本航空の経営再建に取り組み、東日本大震災時には首相補佐官としてボランティアや自衛隊とともに被災者支援にあたった。政権に身を置くと、一緒に働く官僚の大半は男性。政府の会議に出席すると、女性がひとりであることも少なくなかった。女性が参政権を獲得してから七〇年経って、この現状である。

そのなかで、辻元は政治経験を重ねていく。激震が走ったのが、二〇一七年九月。民進党が分裂して希望の党へ合流するか否かで、党の仲間が割れていく。辻元もまた思い惑うなか、あるとき故人となった土井たか子の声が聞こえてきた。

「清美さん、あなたやるっきゃないわよ」

希望の党へと多くの議員が雪崩をうって転籍しようとするなかで、合流しないと決意。枝野幸男らと立憲民主党を立ちあげた。直後の衆院選で大勝した立憲民主党は野党第一党となり、辻元は翌日、野党の国会対策の責任者「国会対策委員長」に任命される。二年弱に渡り野党をまとめながら、安倍政権と対峙する国会対策の最前線に立った。


その後、二〇二一年秋の衆院選で、日本維新の会の猛攻撃を受けて落選。党からは翌二二年の参院選への出馬を要請されるが、迷いに迷っていた。落選したのち本人いわく「お遍路さんのように全国を歩き、政治家としての歩みを振り返りながら、これからの人生を考えた」。

ある日、菅直人のもとに相談に訪れたところ、一言きっぱりといわれた。

「市川房枝を目指せ」

これを聞いた瞬間、目が覚めた。

「ああ、そうか」

目の前に進むべき道が、さあっと開けた。

「そうか、もう一度市川房枝さんという私の原点に戻ればいいのだ」

実はそのころ、辻元は消耗していた。野党の国対委員長として安倍政権と闘い、大阪選挙区では日本維新の会と闘い、「闘うマシーン」と化していた。政治家である以上、権力闘争は避けて通れない。しかし、それだけではなく、やりたいこともあった。政治を市民ベースのスタイルに変える、全国のNPOをつなぐ、女性の議員を増やすといったことを、六〇歳を超えて政治家人生の後半を迎え、いま一度原点に返って手がけてみたいと考えたのだ。

二〇二二年七月、辻元は参議院全国区で約四三万票を獲得して、永田町に戻ってきた。市川房枝の伝記を手にしてからおよそ五〇年、「まさか市川さんと同じ参議院議員になるとは思わなかった」と感慨深げに語る。

市川房枝、土井たか子が、女性政治家へのレールを引いてくれた。ところがいまだ、政治の世界は女性にとって「荒野」だと辻元は感じている。一九四六年女性参政権が実現して初めて誕生した女性議員は全体の八・四％、二〇二一年秋の選挙を終えての衆議院の女性議員比率は九・七％とほとんど変わらない。むろん「荒野」をそのままにしておくつもりはない。「ブルドーザーのように切り拓いていきたい」と辻元はいう。

ところで、市川房枝を目指すといっても、見据えるところは同じではない。辻元が考えるに市川房枝は女性の政治参加を実現するために、存在そのものに大きな意味があった。次なる土井たか子は女性初の野党党首となり衆議院議長となり、新たな地平を拓いた。次なる女性リーダーが目指すべきステージは、政権を率いることと、「総理」になることだという。

最後に、辻元にとって市川はどんな存在かと尋ねてみた。

「源流です」

迷いのない答えが返ってきた。政治家として源流を受け継いで、それを大きな流れとする覚悟である。


堂本、辻元が指摘するように、市川に続く女性の政治家がなかなか増えない。大きな壁としてまず挙げられるのが、性別による分業意識、差別意識だ。ある地方議員の女性は、男性議長から議員懇親会に誘われ「女の子が少ないと俺の顔が立たないからな」と「女の子扱い」されて面食らった。一方、選挙区では年配女性から「(政治活動なんかして)あなた子どもがちゃんと育たなかったらどうするの?」と眉をひそめられた。

「政治家は男の仕事」「子育ては女性の仕事」という意識が垣間見える。旧来の「女らしさ」から逸脱する女性は、「女のくせに」として、男性のみならず女性からも嫌われることは、各種の調査でも明らかになっている。「男らしさ、女らしさ」といったアンコンシャス・バイアス(無意識の偏見)――、こうした無意識の深層にまで刻み込まれたバイアスが、女性政治家の誕生を阻んでいる。

内閣府が行った女性の政治参加への障壁に関する調査(二〇二〇年一二月~二一年一月)でも、

地方議員約五五〇〇人が挙げた「議員活動を行う上での課題」のなかで、男女差が最も大きかったのが「性別による差別、セクハラ（セクシャル・ハラスメント）」で、女性議員の約三五％が問題を感じているという。

これとほぼ同率（三四％）で男女差が大きかったのが、「議員活動と家事や育児の両立がむずかしい」というもの。とりわけ選挙期間となると、朝六時から街角で辻説法に立ち、夜八時まで選挙区巡り。車を降りてからは日付がかわるころまで事務作業で子どもにも会えないという話は珍しくない。

こうした壁は、日本特有のものではない。序章でみたとおり、古今東西変わりはない。さかのぼると、一九七〇年代まではフランスも北欧諸国も、女性議員比率は一〇％前後かそれ以下にとどまり、日本と大差はなかった。ところが諸外国は、候補者や議席の一定割合を女性に割り当てる「クオータ制（割当制）」など積極的な格差是正策を導入して女性議員比率を一気に増やした。フランス、北欧ではいまでは女性議員比率が四割から五割を占める。これに比べ、日本はいまだ一割弱（衆議院）と、はるか後方を走る（二〇二二年時点）。

日本はなぜ、ジェンダー平等な社会に向けての歩みが遅いのか。その要因として、戦後の高度成長を「男性は仕事、女性は家庭」モデルで成功を収め、バブル崩壊の一九九〇年前後まで、その仕組みを維持してしまったことが大きいとされる。その間、欧米では第二次フェミニズム運動も盛んになり、ジェンダー平等な社会を構築しないと未来はないとして、大きく社会の仕組みを変えようとした。日本は二〇一〇年代に入り、ようやく女性も活躍できる社会へと政府が旗振りを始めたが、先進諸国から二〇年以上の後れをとっている。

加えて日本は、市川らの戦前の婦選運動があったとはいえ、男女平等は戦後GHQの民主化政策のなかで、与えられたものといった色合いが濃い。ジェンダー平等な社会をつくろうと激しく闘って勝ち取ったものではなく、与えられたもの。この違いが変革を遅らせているとも考えられる。だからこそ、いま改めて市川の闘いの足跡から学ぶものがあるといえるだろう。

一〇〇歳年下のたかまつなながが、心に刻む市川の言葉

生前の市川の姿をテレビでも見た記憶がない、教科書で名前を目にしたことはあるという若者も増えている。ためしに山川出版社の『高校日本史』を開くと、平塚らいてうと市川房枝が立ちあげた新婦人協会が紹介され「参政権を要求するなど、女性の地位を高める運動をすすめた」という一文がある。

「時事ユーチューバー」を名乗り、若者向けに全国で政治教育を行う笑下村塾代表のたかまつなな（一九九三年生まれ）もまた、教科書で知った世代である。たかまつは、市川房枝

のちょうど一〇〇歳下にあたる。市川が戦前・戦後を通して、生涯その必要性を説き続けた「政治教育」を、二一世紀のメディアを駆使しながら全国で実践している。

たかまつは中学生のとき、ある本と出合った。『憲法九条を世界遺産に』。この本を書いたのはどこの学者かと調べたところ、なんとお笑い芸人・爆笑問題の太田光だった。これをきっかけに「お笑いだからこそ伝えられる社会問題がある」と考え始める。大学一年のとき、お笑いグランプリで準決勝進出を果たし、お嬢様芸人としてデビューした。フェリス女学院から慶應義塾大学、同大学院へと進んだ。一族はほぼ慶應出身。舞台では「みなさん、ごきげんよう」「ごめんあそばせ」という挨拶が板についている。しかし、話のネタは硬派な社会・政治問題である。

大学院卒業後は、若者向けの政治番組をつくりたいとNHKに入りディレクターを務めるが、大組織で思いを実現するのはむずかしく一年半ほどで退職。「一八歳選挙権」が始まったころから「教育と社会をつなぐ活動をしたい」という思いがあり、主権者教育を行う笑下村塾を立ちあげた。ユーチューブを中心に発信をしながら、芸人とともに学校・自治体に出向く「笑える！政治教育ショー」で全国を飛び回る。

「はい、ここからは『三分でわかる民主主義』です！」

二〇二二年（令和四）七月五日、体育館に集まった群馬県立高崎女子高校三年生約二八〇人を前に、たかまつは元気な声で特別講義を始めた。「笑える！政治教育ショーin群馬」。お笑い芸人たんぽぽの二人と軽妙な掛け合いで、笑いあり、拍手ありで進んでいく。

「みなさん、家族でプリンがひとつしかないとしたら誰が食べるか、どうやって決めますか？　殴り合いといった力で決めるか、最後のひとつはお父さんが食べるというルールにするか、多数決で決めるか——決める方法は、①力、②掟、③数、この三つ。民主主義とは多数決で決める、家庭も社会も同じです……」

壇上に惹き付けられた高校生の顔に、なるほど、という表情が広がった。「若者は選挙に行かないと損をする」と話は続く。

「若者の投票率が一％下がると、若者が負担する社会保障料があがるなど年七万円以上も負担が増すという試算もあります」

「みなさんが投票をしないと、若者が社会に与える影響力は、高齢者とどんどん差が開いてしまいます」

具体的な数値を突き付けられた生徒たちの顔は、真剣みを増していく。

続いて、高校生がブラック校則を変えるために裁判を起こした例、ある商品の値上げに反対して署名を集めたケースなどが紹介される。これを受けて一人ひとりが「私が社会を変えるためにできること」をシートに記入する。発表タイムでは「一七歳にも選挙権を」「プリクラの値上げ反対！」「子どもの七人に一人が相対的貧困の状態にある、これを変えていきたい」「少子高齢化の課題に対応するために、育休制度を変えたい」といった決意表明の声が次々にあがった。

最後に、会場の高校三年生に、授業はじめと同じ質問がされる。「選挙に行きたいと思うひと、手を挙げて」。授業前の七割ほどから、ほぼ一〇割へと膨らんだ。

講義を聞いた生徒たちは何を思ったのか。

「若者の投票率が一％下がっただけで、私たちに還元されるお金が大きく減ると知って衝撃を受けた。選挙にはもともと行くつもりだったけど、私ひとり投票しても社会は変わらないと思っていた。でも、今日の講義で一人ひとりの一票が重いとわかった」（一八歳）

「社会を変えるためにできることとシートの中に、『出馬する』という選択肢があってハッとした。そうか、私が出馬する手もあったのか！　と。もうすぐ一八歳になりますが、なるべく早く出馬したい。被選挙権の年齢引き下げに賛成します」（一七歳）

話を聞いた七人全員が、「若者の一票の重みがわかった」という。進学校に通う女子高生で、かつ生徒会活動にかかわる積極的な生徒たちだからこその反応という面はあるものの、出前授業が生徒を覚醒させる効果は大きいといえそうだ。

たかまつはNHKを退職後、英国やフランスなどで「主権者教育」を取材して回った。欧州での調査では、子どもたちに「社会を変える経験をさせること」の重要性を痛感した。授業では、例えば「学校のカフェテリアが閉鎖される、さてどうするか」について話し合う。地元の政治家に訴える、地元メディアにとりあげてもらう、といった課題解決策を議論する。またフランスでは、青少年議会などで子どもに権限、予算を与えて、子どもらの決定を社会に反映させる仕組みを作っている。その先に選挙がある。社会を変えるひとつの手段が、選挙投票を通しての政治参加なのだ。

翻って日本をみると、主権者教育のための適切な教材がほとんどなく、教員向けの研修も十分とはいえない。たかまつは、欧州の取材をもとに笑いあり、ゲームありの講義を練りあげ、さらに教材づくりにも取り組む。そのひとつが、『政治の絵本』。このなかに市川房枝が登場する。少女漫画風のイラスト入りで、瞳にキラキラ星を秘めた市川が描かれている。およそ実物には似ていないが、敬意は十分に伝わってくる。ここでたかまつは、市川房枝がよく語っていた言葉を紹介している。

「権利の上に眠るな」

市川は生前、「若い女性にメッセージを」と請われると、「権利の上に眠るな」という言葉を色紙によくしたためた。一〇〇歳下のたかまつの心に響いたことから、いまを生きる若い女性にも届く言葉だとわかる。記念館に、「私の愛する言葉」として、次のような直筆原稿が残されている。いつもながらの勢いのある筆致である。

終戦直後の昭和二十年の十二月、まず男女平等の参政権が婦人に与えられ、ついで憲法で「男女は法の下で平等であり、政治的にも経済的にも、社会的にも差別されない」と規定され、すべての法律が、男女平等に改正された。

それで戦争前にはなかったいろいろな権利を与えられたが、それを知らない、忘れた婦人が少なくない。またそれを知っていても主張しないでだまっている婦人が多い。これを「権利の上に眠る者」と表現、それでは権利のないのと同様であり、それが続けば、とり上げられ、再び戦前の地位に引き戻される心配がある。

（『日本農業新聞』一九七八年七月一八日）

生まれながらにして、男女ともに等しくすべての人が選挙権を手にしており、それが当たり前と思う人が大半を占めるようになった。しかしそれは、戦後のこと。平和も平等も、権利を主張して、権利を使ってはじめて維持できるものだと伝えたかったのだろう。

市川の語る「権利の上に眠るな」という言葉、これは丸山真男の名著『日本の思想』の一節からとったものであろう、とある人から指南された。そうかと、書棚から日に焼けた『日本の思想』を取り出したところ、最終章――「である」ことと「する」こと――の最初の節に「権利の上にねむる《ママ》者」という言葉が出てくる。一九五八年の岩波文化講演会の内容をもとにしたもので、次のように語りかける。

丸山は学生時代に、民法の講義を聞いたとき、「時効」について説明されたエピソードが印象に残っているという。金を借りて催促されないのをいいことにして、ネコババをきめこむ不心得者がトクをして、気の弱い善人の貸し手がけっきょく損をする結果になる。権利の上に長くねむっている者は民法の保護に値しないからだ。請求することなく自分は債権者であるという位置に安住していると、ついには債権を喪失するというロジックのなかに、一民法の法理にとどまらないきわめて重大な意味がひそんでいると思ったという。

これを日本国憲法第一二条「この憲法が国民に保障する自由及び権利は、国民の不断の努力によって、これを保持しなければならない」という条文にてらしてみると、先の「時効」の精神と共通する。「国民はいまや主権者となった、しかし主権者であることに安住して、その権利の行使を怠っていると、ある朝目ざめてみると、もはや主権者でなくなっているという事態が起こるぞ」という警告になるという。ヒトラーの権力掌握がその歴史的教訓だとする。

市川が説くものとほぼ同心円で重なり合う。ところで、丸山真男と市川房枝は、どこかで出会っているのだろうか。大学時代、丸山真男ゼミで学んだ赤松良子によると、二人が親しく接点をもったという話はとくに聞いていないという。

市川房枝記念展示室に、その手がかりがあった。一九六六年、田中彰治《たなかしょうじ》議員が恐喝、詐欺、脱税で逮捕されたのをきっかけに「国会の黒い霧」と呼ばれる不祥事が起きた。汚職を追及する市川は「政治資金規正協議会」を結成、文化人、著名人に参加を呼びかけた際の返信ハガキが展示室に残されている。作家の開高健、東京大学教授の辻清明らが、入会したものの今回の会合には出席できない旨の丁寧な返信を寄せている。評論家の元東京大学教授の中野好夫らとともに協議会を立ちあげたことから、教授陣や作家にも参加を呼びかけたようだ。

そのなかに丸山真男からの返信もあった。丸山は淡いブルーの万年筆で協議会への参加は「否」に丸をつけたうえで、こう一筆添えている。「趣旨には賛成しますが、もっと適当な活動家が他にいられる筈です」。会の趣旨には賛成するが、自身はこの活動には不向きだということだろう。この手書きコメントに、市川と丸山のわずかながらの接点が見いだせる。

さきほど紹介した農業新聞の原稿をよくよく眺めると、市川は権利を主張しない人を『権利の上に眠る者』と表現」と記している。やはり、「権利の上に眠るな」は、丸山の『日本の思想』を「本歌」とする「本歌取り」と考えてよいだろう。「本歌」の警鐘と重ね合わせると、「権利の上に眠るな」という言葉はより深みをもって、いまを生きる者に迫ってくる。

ジェンダー平等をめぐる施策は、よくよく進捗を見守らないと、ときの政権により揺り戻しがはかられることもある。法律上は男女平等がうたわれているが、そのうえに安住していてはいけない。戦後七〇年以上の時が流れた。いま改めて「権利の上に眠るな」という言葉を胸に刻みたいと思う。

おわりに

五〇年前と今日――、ジェンダー平等を実現するうえで、根っこにある問題に変わりはない。執筆をすすめながら、実は何度もため息をついた。市川房枝の晩年にあたる五〇年前といまを比べ、どれほどジェンダー平等が進んだのだろうかと。いまでは法基盤は整いつつあり、職場では両立支援策の導入も浸透している。しかし、性別役割分業意識は社会に根強く残る。

現職で地方議員を務める女性は、選挙運動のさなかにこんな言葉をかけられたという。

「(選挙活動なんかしていて)子どもがかわいそう。ダンナさんはいいっていってるの?」

この言葉は、一〇〇年前の貴族院の男爵議員の発言と重なる。

「(政治運動は)女子の本分ではない。女子の本分は家庭にある」

五〇年前どころか、一〇〇年前と今日と「根」にある問題は同じである。女性の衆議院議員も地方議員も、職場の女性管理職も、いずれも未だ一割前後にとどまる大きな要因は、ここにある。

あらためて、女性差別撤廃条約に掲げられた基本理念に立ち返り、その壁を取り除いていくことが必要だろう。ジェンダー平等な社会を実現するための働きかけである。その点で、市川房枝の運動論はいまに生きると思う。具体的な運動は本書で述べてきたが、そのセオリーを次にまとめておきたい。

社会課題を「データ」で語る。
国際社会の「外圧」をうまく使って国内の仕組みを変えていく。
女性たちが立場を超えて「連携」して「個の力」を束ねて波をつくる。
女性の力を「実践」をもって示していく。
ややもすると後戻りしそうになる「逆コース」を厳しくウォッチする。

国を動かすといった大きな話のみならず、小さな組織を変えていくうえでも、これは応用できそうだ。仕事で抱えるモヤモヤを解消するために、このセオリーをつかって、環境を変えるべく小さな一歩を踏み出してみてはどうだろう。

もうひとつ、本書を編む目的は、市川房枝からキャリア形成のヒントをつかむことだった。市川はあまりにスケールが大きくて、遠過ぎると感じた人もいるかもしれない。しかし、ひとつひとつ新しいステップを踏んでいった足取りをみると、小さな行動の積み重ねである。ただし、ここぞというときには思い切ってすべてを捨てて新たな世界に飛び込んでいく。新婦人協会を辞めて米国に渡ったときも、ＩＬＯを退職して婦選に身を投じたときもそうだった。何かを手放さないと、新しいものはつかめない。後悔しないように、すべてを糧にすればいいのだろう。そして公職追放という人生最大の挫折。このときどう過ごしたかも、おおいに学びとなる。失敗も挫折もない人生なんて考えられない。挫折をしたときに如何に過ごすかで、人生もキャリアも決まるのだろう。八七歳まで生涯現役であった姿も、人生一〇〇年時代の手本となりそうだ。

さて市川には、さまざまなネーミングがなされていた。「野中の一本杉」「だいこんの花」などは、飾り気なく誠実で、まっすぐな市川の人柄をよく表している。戦前の婦選時代は「御大《おんだい》」と仲間から呼ばれていたという。おそらくたのもしいリーダーだったのだろう。親しい友人の中には、いつも「平熱」であったと評する人もいる。選挙直後、当選の知らせを受けて支援者が満面の笑みで万歳をするなか、市川がひとり醒めた表情で中央にたたずむ写真が何葉もある。これを見て疑問に思っていたが、「平熱」のひと言で謎が少し解けたように思う。理想選挙に向けて「情熱」をたやすことはなかったが、一方で常に「平熱」の人だった。当選速報のさなかにあっても、ひとり先を見つめて、浮かれることがなかった。徳島ラジオ商事件の再審決定の折も、人々が喜びにわくなか市川ひとり冷静だった姿を、瀬戸内寂聴は目にしている。「情熱と平熱の人」だったのだろう。これが婦選運動家として政治家として、息の長い活動ができた理由のひとつではないかと思う。

参議院でともに第二院クラブに属していた青島幸男は、ひそかに仲間うちで「憤慨ばあさん」と呼んでいた。不正不当なことに出合うと「私は憤慨しとるんですよ」というのが口癖だったからだ。年を重ねると訳知りになり丸くなっていくものだが、死の直前まで「憤慨」していた市川は、生涯青春であったのだと青島はいう。

市川の巨像をひと言で表すことはむずかしいが、その生涯を貫く姿勢は「北極星をみつめるリアリスト」であったと思う。北極星はどこの場所から見ても誰の目にもそれとわかり、光を放ち続ける。目指すべき方向であり、ぶれることがない。戦前の市川にとっては、北極星は「婦選」だった。戦後は「金権政治打破」「男女平等の実現」になる。

北極星を追い求めつつも、実現に向けて一歩も譲らない理想主義者ではなかった。常に地に足をつけて、一歩でも前へ、一ミリでも前へ歩を進めようとするリアリストであった。周りを巻き込みながら、ジリジリと前に進んでいく。そのための運動の組み立ては戦略的であり、事務のかまえはかたかった。ときには主義主張の異なる者と組み、ときには妥協をしながらも、現実的に一歩前に進める道を選んできた。常に海外の動きにアンテナを張りつつ、日本社会をいかに動かすか、冷静に現実的な戦略を考えていたのだ。

市川房枝には「資料魔」という一面もあった。ありとあらゆる資料を残して保管することに執念を燃やした。市川房枝記念会女性と政治センターで、およそ一〇〇年前に行われた企業調査の回答用紙の原本を見たときには、目を疑った。これが、戦争中の疎開で運ばれて、戦火を潜り抜けてきたとは……。資料だけではない。運動の記録、講演の骨子案など、膨大なメモも残されている。ほぼすべて「裏紙」に記されたもので、バザーの案内チラシや招待状の裏側に、忙しさの合間を縫って書いたであろう、走り書きの自筆メモである。

これらの資料は、市川房枝研究にとどまらず、日本の女性史、政治史、労働史にとって貴重な一次資料となっている。日本だけではない。いまも時折、外国人研究者がセンターの資料を求めて海外から訪れる。ある米国人研究者が、市川が米国から持ち帰った英文書籍をみて「米国でもなかなか手に入らないものだ」と驚いていたという。

センターでの資料の整理は、いまなお進行中である。亡くなったあと、寝室の天袋から山のような資料が発見された。これらも含めて、国立国会図書館の元職員など専門家ボランティアによって、整理保管の作業が続いている。活動記録だけではなく小学校のころの夏休みの絵日記まで保管されているというから、作業は果てしない。埋もれていた資料が公開されることで、市川の人物像と仕事ぶりがよりくっきりと浮かんでくるだろう。同時に過去の資料は、未来をつくるためのデータとなるはずだ。

筆者自身は残念ながら、生前の市川房枝の「生」の姿に触れたことはない。本書では、市川の議員時代に歩みを重ねた人たちに話を聞き、文献をあたりながら、運動とその意味を探っていった。膨大な資料の海のなかで、ときにはおぼれそうになったこともある。八七年間を駆け抜けた、その生涯すべての資料に目を通すことはかなわなかったが、働く女性の視点をもって絞り込んでいった。その解釈の不足については、ぜひご意見をいただきたいと思う。

最後にぜひ伝えておきたいことがある。巨人・市川房枝は、ひとりで偉業を成し遂げたわけではない。周りには志を同じくする仲間がいて、さらにその周りには共鳴する多くの無名の人たちがいた。運動をともにした仲間一人ひとりの名前をここに書き記すことはできなかった。集会や大会、デモなど運動に参加した、何千、何万の人の名前はもはやわからない。しかし、個と個が結びつくことで、たしかなうねりとなった。近年でいえば、二〇一〇年代おわりにおこった #MeToo の運動が、その好例といえるだろう。ひとりは微力かもしれないが、無力ではない。個々の力を束ねると、社会を動かす大きな力になる。これも、市川が残したメッセージのひとつだと思う。

本書の執筆を進めるにあたっては、市川房枝記念会女性と政治センターの各位に多大なるご協力をいただいた。センターに残る『婦選』『女性同盟』など戦前の機関誌を一枚一枚めくりながらワクワクしたこと、市川の自筆資料を目にしたときにぞくっとした感覚は忘れられない。貴重な資料の閲覧準備、データの解説にご尽力いただいたことに感謝申し上げたい。また一宮市尾西歴史民俗資料館の学芸員、宮川充史氏には、尾西の郷土風土についても実に多くの示唆を頂き、市川の依って立つ基盤を探ることができた。

赤松良子氏、樋口恵子氏、堂本暁子氏、辻元清美氏、林陽子氏には、市川房枝にまつわる貴重なお話を頂いた。それぞれの分野で第一人者の立場から専門性の高いお話をうかがったことも、本書を膨らませてくれた。たかまつなな氏と群馬県立高崎女子高校のみなさんには、有権者教育の講義に同席させてもらい、未来につながる光を感じることができた。また憲法学研究者の立命館大学教授大西祥世氏には、文献など貴重な助言をもらった。全国家庭科教育協会からは、得がたい資料を提供していただいた。

最後にベテラン編集者である亜紀書房の足立恵美氏にお礼を申し上げたい。六冊目の著書となるが、自身より年上の編集者は初めてだった。これまでの職場でも、女性の先輩は片手で数えるほどしかおらず、心強く思った。

本書を編む中で、改めて先輩諸氏の拓いてくれた道を思い、ささやかながら「長い列」をつなぐ一助となれたらと願う。

二〇二三年一月

野村浩子

おもな参考・引用文献

『市川房枝集』第一巻～第八巻、別巻（日本図書センター、一九九四年）
『市川房枝自伝 戦前編』（市川房枝、新宿書房、一九七四年）
「市川房枝 政治談話録音 速記録」
（国立国会図書館、収録一回目／一九七八年三月二九日、二回目／同年五月一九日）
『私の政治小論』（市川房枝、秋元書房、一九七二年）
『私の婦人運動』（市川房枝、秋元書房、一九七二年）
『近代日本女性史への証言』（「歴史評論」編集部編、ドメス出版、一九七九年）
『だいこんの花 市川房枝随想集』（市川房枝、新宿書房、一九七九年）
『野中の一本杉 市川房枝随想集Ⅱ』（市川房枝、新宿書房、一九八一年）
『市川房枝 私の履歴書ほか』（市川房枝、日本図書センター、一九九九年）
『［覚書］戦後の市川房枝』（児玉勝子、新宿書房、一九八五年）
『市川房枝おもいで話』（市川ミサオ、ＮＨＫ出版、一九九二年）
『一〇〇人の回想 市川房枝というひと』（「市川房枝というひと」刊行会編、新宿書房、一九八二年）
『市川房枝の言説と活動』一八九三－一九三六、一九三七－一九五〇、一九五一－一九八一

（市川房枝記念会女性と政治センター、二〇〇八～二〇一六年）
『闘うフェミニスト政治家 市川房枝』（進藤久美子、岩波書店、二〇一八年）
『市川房枝 後退を阻止して前進』（村井良太、ミネルヴァ書房、二〇二一年）
「市川房枝研究会 聞き取り調査より」（『女性展望』連載、二〇〇八年五月～二〇一一年一一・一二月）
「市川房枝『終わりなき闘い』に殉じた婦選運動家のチャンピオン」
（江刺昭子、『自立した女の栄光』瀬戸内晴美編、講談社文庫、一九八九年）
『市川房枝と婦人参政権運動 市川房枝生誕一〇〇年記念』（写真集、市川房枝記念会出版部、一九九二年）
『平和なくして平等なく平等なくして平和なし』
（写真集、監修／市川房枝記念会女性と政治センター、ドメス出版、二〇一三年）
『市川房枝 女性解放運動から社会変革へ』（ちくま評伝シリーズ〈ポルトレ〉、筑摩書房、二〇一五年）
『女性の権利の歴史』（辻村みよ子、金城清子、岩波書店、一九九二年）
『日本のフェミニズム １５０年の人と思想』（井上輝子、有斐閣、二〇二一年）
『性差《ジェンダー》の日本史』（国立歴史民俗博物館、二〇二〇年）
『歴史を読み替える ジェンダーから見た日本史』
（久留島典子、長野ひろ子、長志珠絵編、大月書店、二〇一五年）
『日本婦人問題資料集成』第一巻＝人権（編集／解説 市川房枝、ドメス出版、一九七八年）
『日本婦人問題資料集成』第二巻＝政治（編集／解説 市川房枝、ドメス出版、一九七七年）
『日本婦人問題資料集成』第三巻＝労働（編集／解説 赤松良子、ドメス出版、一九七七年）
『日本婦人問題資料集成』第八巻＝思潮（上）、第九巻＝思潮（下）
（編集／解説 丸岡秀子、ドメス出版、一九七六年、一九八一年）

各章参考文献

『女性差別撤廃条約と私たち』（林陽子編著、信山社、二〇一一年）
「日本における包括的差別禁止法の展望」
（林陽子、世界人権問題研究センター『研究紀要』第二七号、二〇二二年八月）
『女性差別撤廃条約とジェンダー平等――条約が求める「国のかたち」』
（林陽子、日本婦人団体連合会、二〇一九年）
「女性差別撤廃条約から見た民法７５０条――夫婦同氏制度」
（林陽子、『普遍的国際社会への法の挑戦』信山社、二〇一三年）
「国連デー講演会 国連の女性問題への取り組みと日本」
（山下泰子、国連広報センター主催講演録、一九九二年一〇月二三日開催）
「財団創立50周年記念シンポジウム 市川房枝のおくりもの」（『女性展望』、二〇一三年一月）
『均等法をつくる』（赤松良子、勁草書房、二〇〇三年）
『私の履歴書 男女平等への長い列』（赤松良子、日本経済新聞出版、二〇二二年）
『女性差別撤廃条約とＮＧＯ』
（赤松良子、山下泰子監修、日本女性差別撤廃条約ＮＧＯネットワーク編、明石書店、二〇〇三年）
『連帯と行動 国際婦人年連絡会の記録』
（国際婦人年日本大会の決議を実現するための連絡会編、市川房枝記念会出版部、一九八九年）
「男女共同参画行政に関する推進体制と総合調整権の展開」
（大西祥世、『立命館法學』四〇二号、二〇二二年二月）
『明治維新の意味』（北岡伸一、新潮社、二〇二〇年）
『恋愛と結婚』（エレン・ケイ、新評論、一九九七年）

『大正デモクラシー』（成田龍一、岩波新書、二〇〇七年）
『青鞜の時代 平塚らいてうと新しい女たち』（堀場清子、岩波新書、一九八八年）
『作家の自伝8 平塚らいてう わたくしの歩いた道』（平塚らいてう、日本図書センター、一九九四年）
『「青鞜」人物事典 110人の群像』（らいてう研究会編、大修館書店、二〇〇一年）
『山川菊栄評論集』（鈴木裕子編、岩波文庫、一九九〇年）
『新婦人協会の研究』（折井美耶子、女性の歴史研究会編著、ドメス出版、二〇〇六年）
『憲法を変えた女たち アリス・ポールと全国女性党』（中村久司、デザインエッグ社、二〇二〇年）
『サフラジェット 英国女性参政権運動の肖像とシルビア・パンクハースト』（中村久司、大月書店、二〇一七年）
『女性労働の日本史 古代から現代まで』（総合女性史学会、辻浩和・長島淳子・石月静恵編、勉誠出版、二〇一九年）
『女工哀史』（細井和喜蔵、岩波文庫、一九五四年）
『炭鉱《ヤマ》に生きる 地の底の人生記録画文集』（山本作兵衛、講談社、一九六七年）
『まっくら 女坑夫からの聞き書き』（森崎和江、岩波文庫、二〇二一年）
『山内みな自伝 十二歳の紡績女工からの生涯』（山内みな、新宿書房、一九七五年）
「女性の参政権とジェンダー」（舘かおる、ライブラリ相関社会科学2『ジェンダー』、新世社、一九九四年）
「国際比較で読み解くジェンダー・ポリティックス：北欧諸国を軸に」（進藤久美子、東洋英和女学院大学現代史研究所『現代史研究』第三号、二〇〇七年七月）
「女性参政権成立論再考：英米を事例に」（笹岡伸矢、大槻きょう子、奈良県立大学『地域創造学研究』第三〇巻第四号、二〇二〇年三月）
『ナショナリズムとジェンダー』（上野千鶴子、青土社、一九九八年）

「歴史学とフェミニズム――『女性史』を超えて」
（上野千鶴子、『日本通史 別巻1 歴史意識の現在』、岩波書店、一九九五年）
『フェミニズムと戦争 婦人運動家の戦争協力』（鈴木裕子、マルジュ社、一九九七年）
『女性史を拓く1 母と女 平塚らいてう・市川房枝を軸に』（鈴木裕子、未来社、一九八九年）
『政治家追放』（増田弘、中公叢書、二〇〇一年）
日本占領関係資料（連合国最高司令官総司令部民政局文書）
/Write-up on Ichikawa, Fusae , 22 Aug 49
/Letter to Miss Miller from General MacArther —— re Ichikawa, Fusae, 7 Jan 50
『女性と憲法の構造』（大西祥世、信山社、二〇〇六年）
『市川房枝の国会全発言集 参議院会議録より採録』（市川房枝記念会出版部、一九九二年）
『復刻 私の国会報告』（市川房枝、市川房枝記念会出版部、一九九二年）
『国会議員 わかる政治への提言』（江田五月、講談社現代新書、一九八五年）
『日本型福祉社会』（自由民主党、自由民主党研修叢書八、自由民主党広報委員会出版局、一九七九年）
『企業中心社会を超えて 現代日本を〈ジェンダー〉で読む』（大沢真理、岩波書店、二〇二〇年）
「日本型福祉社会とは何だったのか――家族主義の観点から」
（小泉明子、『新潟大学教育学部研究紀要』第一〇巻第一号、二〇一七年一〇月）
『奇縁まんだら 終り』（瀬戸内寂聴、日本経済新聞出版社、二〇一一年）
「生誕120年記念連続講演会『私の市川房枝論』」（『女性展望』二〇一四年一月）
『老《お》〜い、どん！あなたにも「ヨタヘロ期」がやってくる』（樋口恵子、婦人之友社、二〇一九年）
『家庭科、なぜ女だけ！』（家庭科の男女共修をすすめる会編、ドメス出版、一九七七年）

「男女共通必修家庭科の実施が高校生の家族・保育に関する意識に与えた影響 家族・結婚に関する意識の変化」（中西雪夫、『日本家庭科教育学会誌』第四四巻第四号、二〇〇二年一月）
「高等学校家庭科男女必修二〇年」（河野公子、全国家庭科教育協会『家庭科』二〇一三年二号）
『行動する女たちが拓いた道 メキシコからニューヨークへ』（行動する会記録集編集委員会編、未来社、一九九九年）
『立ち上がる地球市民ＮＧＯと政治をつなぐ』（堂本暁子、河出書房新社、一九九五年）
『首長たちの挑戦 女が政治を変える』（女政のえん編、世織書房、二〇一六年）
『いま、「政治の質」を変える』（辻元清美、岩波書店、二〇一二年）
『国対委員長』（辻元清美、集英社新書、二〇二〇年）
『政治の絵本 学校で教えてくれない選挙の話』（たかまつなな、弘文堂、二〇一九年）
『日本の思想』（丸山真男、岩波新書、一九六一年）
『女性リーダーが生まれるとき「一皮むけた経験」に学ぶキャリア形成』（野村浩子、光文社新書、二〇二〇年）

年表

1889年（明22）

大日本帝国憲法発布、衆議院議員選挙法公布。

1890年（明23）

第1回衆議院議員総選挙。集会及政社法公布、女性の政治活動禁止。

1893年（明26）0歳

5月15日、愛知県中島郡明地村（現一宮市）の農家に生まれる。

1894年（明27）1歳

日清戦争始まる。

1897年（明30）4歳

文部省、男女別学に関して訓令。

1898年（明31）5歳

民法親族編・相続編公布、家制度確立。

1899年（明32）6歳
明地村立明地尋常小学校入学。
高等女学校令公布。

1900年（明33）7歳
治安警察法公布、女子の集会・結社を禁止。

1893年（明36）10歳
起町外三ヶ村学校組合立西北部高等小学校入学。
平民社結成。

1904年（明37）11歳
日露戦争始まる。

1907年（明40）14歳
朝日尋常高等小学校卒業。
足尾銅山で暴動起こる。

1908年（明41）15歳
単身上京し女子学院に入学するが、7月帰郷。萩原町立萩原尋常小学校の代用教員となる。

1909年（明42）16歳
岡崎の愛知県第二師範学校女子部1年に入学。
伊藤博文、ハルビンで射殺される。

1910年（明43）17歳
大逆事件検挙始まる。韓国併合条約調印。

1911年（明44）18歳

工場法公布。平塚らいてうら雑誌『青鞜』創刊。

1912年（明45）19歳

日本の労働組合の源流とされる「友愛会」結成。

1913年（大2）20歳
愛知県女子師範学校卒業、朝日尋常高等小学校の訓導となる。

第1次護憲運動。東北帝大に初の女子学生。

1914（大3）21歳
名古屋市立第二高等小学校に転任。妹清子、弟武と暮らす。

第1次世界大戦始まる。

1916年（大5）23歳
弟武、15歳で死去。肺尖カタルで休職。

『婦人公論』創刊。

1917年（大6）24歳
退職。名古屋新聞（現中日新聞）の記者となる。

『主婦之友』創刊。ロシア革命。

1918年（大7）25歳
新聞社をやめて上京、英語を学ぶ塾で平塚らいてうと出会う。

与謝野・平塚・山川菊栄らによる「母性保護論争」。米騒動全国に拡大。初の政党内閣（原敬内閣）成立。

1919年（大8）26歳

「大日本労働総同盟友愛会婦人部」書記に就職。平塚らいてうと「新婦人協会」を創立。

ベルサイユ条約調印。

1920年（大9）27歳

国際連盟発足。日本最初のメーデー。

1921年（大10）28歳

新婦人協会役員を辞任し、読売新聞特派員として渡米。

足尾銅山争議。原敬刺殺される。

1922年（大11）29歳

治警法第5条2項の改正公布。婦人の政談集会参加及び発起を許可。日本共産党結成。

1923年（大12）30歳

婦選運動の指導者アリス・ポールと出会う。

関東大震災。

1924年（大13）31歳

帰国。ILO（国際労働機関）東京支局職員となる。「婦人参政権獲得期成同盟会」（のちに「婦選獲得同盟」と改称）会務理事となる。

第2次護憲運動。

1925年（大14）32歳

婦選三案及び女子教育関係案を衆議院上程、可決（貴族院で審議未了）。

治安維持法公布。すべての成人男子に選挙権を与える普通選挙法公布。細井和喜蔵著『女工哀史』刊。

1927年（昭2）34歳
ＩＬＯ東京支局を辞職、婦選運動に専念する。
金融恐慌始まる。

1928年（昭3）35歳
第1回汎太平洋婦人会議（ホノルル）に出席。
初の男子普通選挙。

1929年（昭4）36歳
改正工場法施行。婦人・年少者の深夜業禁止に。ニューヨーク株式市場大暴落、世界恐慌始まる。

1930年（昭5）37歳
婦選獲得同盟主催で第1回全日本婦選大会を開く。久布白落実に代わり婦選獲得同盟総務理事に就任。
女性公民権案、衆議院で初めて可決（貴族院で審議未了）。

1931年（昭6）38歳
第2回全日本婦選大会で右翼に襲われる。
女性公民権案（政府案）、衆議院可決（貴族院で否決）。満州事変始まる。

1932年（昭7）39歳
犬養毅首相を訪問、陳情。
満州国建国宣言。五・一五事件。

1933年（昭8）40歳
東京市の市会選挙に際し6団体で「東京婦人市政浄化連盟」を組織。汚職候補追放・ゴミ処理・増税反対運動展開。
ヒトラー、ドイツ首相に就任。日本、国際連盟を脱退。鉱山における婦人・年少者の坑内作業・深夜業の禁止。

1934年（昭9）41歳
婦選団体の提唱で「母性保護法制定促進婦人連盟」を結成、母子扶助法の制定運動を起こす。
日本、ワシントン海軍軍縮条約廃棄を通告。

1935年（昭10）42歳
父藤九郎、87歳で死去。「選挙粛正中央連盟」評議員となる。
美濃部達吉の天皇機関説問題化。

1936年（昭11）43歳
二・二六事件。鉱業における女子の深夜業完全禁止。日独防共協定調印。

1937（昭12）44歳
全日本婦選大会最終回。戦時生活に対処するため8婦人団体で「日本婦人団体連盟」を組織。国民精神総動員中央連盟家庭実践に関する調査委員に任命される。
母子保護法公布。盧溝橋事件。日中戦争始まる。日独伊三国防共協定調印。南京大虐殺事件。

1938（昭13）45歳
国民精神総動員中央連盟「実践網委員会」委員、「非常時国民生活様式委員会」委員などに任命される。
国家総動員法公布。

1939（昭14）46歳
「婦人時局研究会」発足。国民精神総動員委員会幹事に任命される。
人事調停法公布。第2次世界大戦勃発。

1940（昭15）47歳	竹中繁子と中国旅行。国民精神総動員本部参与に任命される。婦選獲得同盟解消、婦人時局研究会への合流を決定。	国民優生法公布。日独伊三国同盟調印。大政翼賛会発足。
1941（昭16）48歳	母たつ、83歳で死去。	日ソ中立条約調印。米英に宣戦布告、太平洋戦争始まる。
1942（昭17）49歳	大日本婦人会審議員に指名される。皇民奉公会の招きで台湾に旅行。「大日本言論報国会」理事に加えられる。	愛国婦人会・国防婦人会・大日本連合婦人会を統合、大日本婦人会結成。
1943（昭18）50歳	大日本言論報国会「思想戦対策委員会」委員を委嘱される。	イタリア、無条件降伏。
1944（昭19）51歳	東京都南多摩郡川口村（現八王子市）に疎開。	女子挺身勤労令公布、施行。
1945（昭20）52歳	四谷見附の婦人問題研究所と自宅、空襲で全焼。終戦後、婦人運動家に呼び掛け「戦後対策婦人委員会」結成、政府・政党に婦選を要求。	太平洋戦争終結。幣原内閣、初閣議で婦人参政権付与を決定。マッカーサー、5大改革指令で参政権付与による婦人解放を指示。国際連合発足。衆議院議員選挙法改正により女性参政権実現。
1946（昭21）53歳	婦人参政権初行使の総選挙に、選挙人名簿記載もれで投票出来ず。婦選会館（婦人問題研究所所有）竣工。	天皇の人間宣言。ＧＨＱ、公職追放指令、公娼制度廃止指令。第22回（戦後第1回）衆議院議員総選挙、女性39名当選。地方自治体の女性参政権実現。日本国憲法公布。

1947（昭22）54歳	公職追放となり、新日本婦人同盟会長を辞任。	教育基本法、学校教育法公布、男女共学・教育の機会均等実現。労働基準法公布、男女同一賃金の原則確立。第1回統一地方選挙（首長選挙）、女性町村長5名当選。都道府県議員に22名、市区町村議員に771名の女性当選。改正民法公布。家制度廃止。
1948（昭23）55歳		優生保護法公布。政治資金規正法公布。
1949（昭24）56歳	真下ミサオを養女にする。	NATO北大西洋条約調印。中華人民共和国成立。
1950（昭25）57歳	追放解除。新日本婦人同盟臨時総会で会名を「日本婦人有権者同盟」と改称、会長に復帰。	公職選挙法公布。朝鮮戦争。レッドパージ始まる。
1951（昭26）58歳	「公娼制度復活反対協議会」を結成、売春禁止運動を起こす。平塚らいてう、上代たのらと「再軍備反対婦人委員会」を結成。	サンフランシスコ平和条約、日米安保条約調印。
1952（昭27）59歳	「公明選挙連盟」結成に参加。日米知的交流委員会の招待で渡米。	日本独立を回復（占領終結）。

1953（昭28）60歳
第3回参議院議員選挙に東京地方区から理想選挙で立候補（無所属）、2位当選。
NHKテレビ放送開始。第1回世界女性大会開催（コペンハーゲン）。

1954（昭29）61歳
長谷部ひろと連名で連座制強化の選挙法改正案を提出。

1955（昭30）62歳
兄藤市、73歳で死去。「婦人参政一〇周年記念行事実行委員会」（委員長市川）を組織。
婦人参政権条約批准、国会で承認。

1956（昭31）63歳
売春防止法公布。日本、国連加盟。

1957（昭32）64歳
「国連NGO国内婦人委員会」を組織（6団体）。
国連婦人の地位委員会委員国に日本初当選（委員に谷野せつ）。ソ連、人工衛星第1号打ち上げ成功。

1958（昭33）65歳
第8回汎太平洋東南アジア婦人会議（東京）開催に尽力。社会教育法改正反対運動を組織。
国連「人身売買及び他人の売春からの搾取の禁止に関する条約」批准、国会で承認。

1959（昭34）66歳
第5回参議院議員選挙、東京地方区2位再選。英国総選挙視察のため訪英。「理想選挙普及会」結成、代表幹事となる。
皇太子殿下結婚。軍縮のための世界女性集会開催（スウェーデン）。

1960（昭35）67歳
婦選会館増改築のため建設委員会設置。糖尿病検査のため東大病院に入院。選挙費用および政治資金の調査を始める。
日米新安保条約、国会で自然承認。中山マサ、初の婦人大臣（厚生）に就任。浅沼社会党委員長刺殺される。

1961（昭36）68歳
衆参議員団の沖縄視察に参加。
所得税の配偶者控除創設、実施。東ドイツ、ベルリンの壁構築。

1962（昭37）69歳
院内会派「第二院クラブ」結成。婦選会館開館式。
キューバ危機。

1963（昭38）70歳
参議院の欧米視察団に参加。
学習指導要領改訂で高校女子の家庭科必修に。ケネディ米大統領暗殺。

1964（昭39）71歳
「富士茂子の再審を求める会」を組織。
日本、OECDに加盟。母子福祉法公布、施行。東京オリンピック開催。公明党結成。

1965（昭40）72歳
第7回参議院議員選挙東京地方区立候補、3選（4位）。
アメリカ、北ベトナム爆撃開始。母子保健法公布。

1966（昭41）73歳
中野好夫・長谷部忠らと「政治資金規正協議会」を結成。
風俗営業等取締法改正公布。「黒い霧」、国会で問題化。

1967（昭42）74歳

都知事選挙で「みのべ氏の理想選挙を支持する会」を結成。

東京都知事に美濃部亮吉当選。EC成立。ILO100号条約「同一価値の労働についての男女同一報酬に関する条約」批准、国会承認。国連、「女性に対する差別撤廃宣言」を採択。

1968（昭43）75歳

第11回汎太平洋東南アジア婦人会議に出席。

「非核三原則」の方針打ち出す。GNP世界第2位となる。

1969（昭44）76歳

新婦人協会創立50周年記念小集会を開催。

東大安田講堂事件。アポロ11号月面着陸。

1970（昭45）77歳

平塚らいてうら9人で安保廃棄のアピールを発表。「沖縄売春対策協議会」結成。国連総会、中間選挙、ウーマン・リブ視察のため渡米。

大阪で万博開催。日航機「よど号」ハイジャック事件。日米安全保障条約自動延長（70年安保）。日本初のウーマン・リブ討論会「性差別への告発」開催。三島由紀夫割腹自殺。

1971（昭46）78歳

第9回参議院議員選挙（東京地方区）で落選。「司法の独立と民主主義を守る国民連絡会議」結成を申し合わせ。「理想選挙推進市民の会」を結成、代表幹事となる。

1972（昭47）79歳

「沖縄の売春問題ととりくむ会」結成（世話人）。東京都参与を委嘱される。

浅間山荘事件。沖縄日本復帰。勤労婦人福祉法公布、施行。日中国交正常化の共同声明発表。

1973（昭48）80歳
「売春問題ととりくむ会」結成（代表委員のひとり）。

ベトナム和平協定調印。金大中事件起こる。第4次中東戦争勃発。石油ショック。

1974（昭49）81歳
「家庭科の男女共修をすすめる会」結成（発起人）。第10回参議院議員選挙（全国区）で2位当選。マグサイサイ賞受賞のためにフィリピンのマニラに旅行。国際婦人年日本大会記念大会実行委員会結成。

ウォーターゲート事件でニクソン米大統領辞任。『文藝春秋』で立花隆の「田中角栄研究」が発表される。金脈問題で田中角栄首相辞意表明。

1975（昭50）82歳
政府主催「国際婦人年記念日本婦人問題会議」で祝辞。「国際婦人年日本大会」開催（実行委員長）。

南ベトナム、無条件降伏。国連主催の国際女性年世界会議開催（メキシコシティ）。公職選挙法・政治資金規正法改正公布。伊豆シャボテン公園事件で女子若年定年制無効の判決（最高裁）。総理府に「婦人問題企画推進本部」設置を閣議決定。国連、'76～'85年を「国連婦人の一〇年」と決定。

1976（昭51）83歳
ロッキード事件調査のため渡米。「民主政治をたてなおす市民センター」開設（代表者）。

ロッキード事件で田中角栄前首相を逮捕。防衛費をGNPの1％以内に決定。

1977（昭52）84歳
全イラク婦人連盟の招きでイラク訪問。「女性百人会館」開館式出席のため韓国訪問。

国立婦人教育会館開館。

1978（昭53）85歳

「冨士茂子の無実を明らかにする市民の会」組織。イタリアのアデライデ・リストーリ賞受賞。

初の国連軍縮特別総会開催。日中平和友好条約調印。

1979（昭54）86歳

「労働基準法の女子保護条項廃止反対についてのアッピール」発表。「汚職に関係した候補者に投票をしない運動をすすめる会」（ストップ・ザ・汚職議員の会）を結成（代表世話人）。第1回エイボン女性大賞受賞。

ダグラス・グラマン汚職発覚。イギリス初の女性首相にサッチャー就任。国連、「女子に対するあらゆる形態の差別の撤廃に関する条約」を採択。ソ連、アフガニスタンに軍事介入。

1980（昭55）87歳

女性差別撤廃条約署名式（国連婦人の一〇年中間年世界会議）に日本政府の参加を要請。第12回参議院議員選挙、全国区1位当選。中華全国婦女連合会の招きで中国訪問。「国連婦人の一〇年中間年日本大会」開催（実行委員長）。冨士茂子再審開始決定、報告会に出席（徳島市）。

高橋展子、女性初の大使に就任。国連主催の国連婦人の一〇年中間年世界会議での女性差別撤廃条約の署名式に日本も参加。イラン・イラク戦争。国連婦人の一〇年中間年全国会議開催（総理府）。

1981（昭56）

婦選会館他主催の新有権者と若者の集いに出席。心筋梗塞の発作のため入院。2月11日死去、87歳9か月。

日産自動車事件、男女定年格差に無効判決（最高裁）。

★『市川房枝集別巻』（日本図書センター）、『市川房枝の言説と活動』全3巻（市川房枝記念会女性と政治センター）を参考にした。

終章の女性政治家、有権者教育に関する記事初出：
光文社新書note「女性政治家最大の壁とは?」(二〇二一年六月一一日)
「「若者は政治に無関心」ってホント?」(二〇二二年七月一二日)
その他は書き下ろし
本文とカバーに使用している写真はすべて市川房枝記念会女性と政治センター提供による

野村浩子　HirokoNomura

ジャーナリスト。1962年生まれ。84年お茶の水女子大学文教育学部卒業。日経ホーム出版社（現日経BP）発行の『日経WOMAN』編集長、日本初の女性リーダー向け雑誌『日経EW』編集長、日本経済新聞社・編集委員、淑徳大学教授などを経て、2020年4月東京家政学院大学特別招聘教授。財務省・財政制度等審議会など政府自治体の各種委員も務める。著書に『異なる人と「対話」する――本気のダイバーシティ経営』（日本経済新聞出版）、『女性リーダーが生まれるとき』（光文社新書）など

市川房枝《いちかわふさえ》、

そこから続《つづ》く「長《なが》い列《れつ》」

参政権《さんせいけん》からジェンダー平等《びょうどう》まで

2023年4月28日　第1版第1刷発行

著者　野村浩子

発行者　株式会社亜紀書房
〒101-0051 東京都千代田区神田神保町1-32
電話(03)5280-0261 振替00100-9-144037
https://www.akishobo.com

ブックデザイン　アルビレオ

DTP　山口良二

印刷・製本　株式会社トライ
https://www.try-sky.com

Printed in Japan
ISBN978-4-7505-1789-6　C0030